人がすき
村がすき
保育がすき

近藤幹生

ひとなる書房

山の麓の3つの保育園の図
至小諸
長野県
八ヶ岳連峰
信濃川上
南牧村
川上村
清里
野辺山
酪農地帯
高原野菜畑
千曲川
平沢峠
平沢保育園
飯盛山
みやま
共同保育所
やぎさん
奥秩父連峰

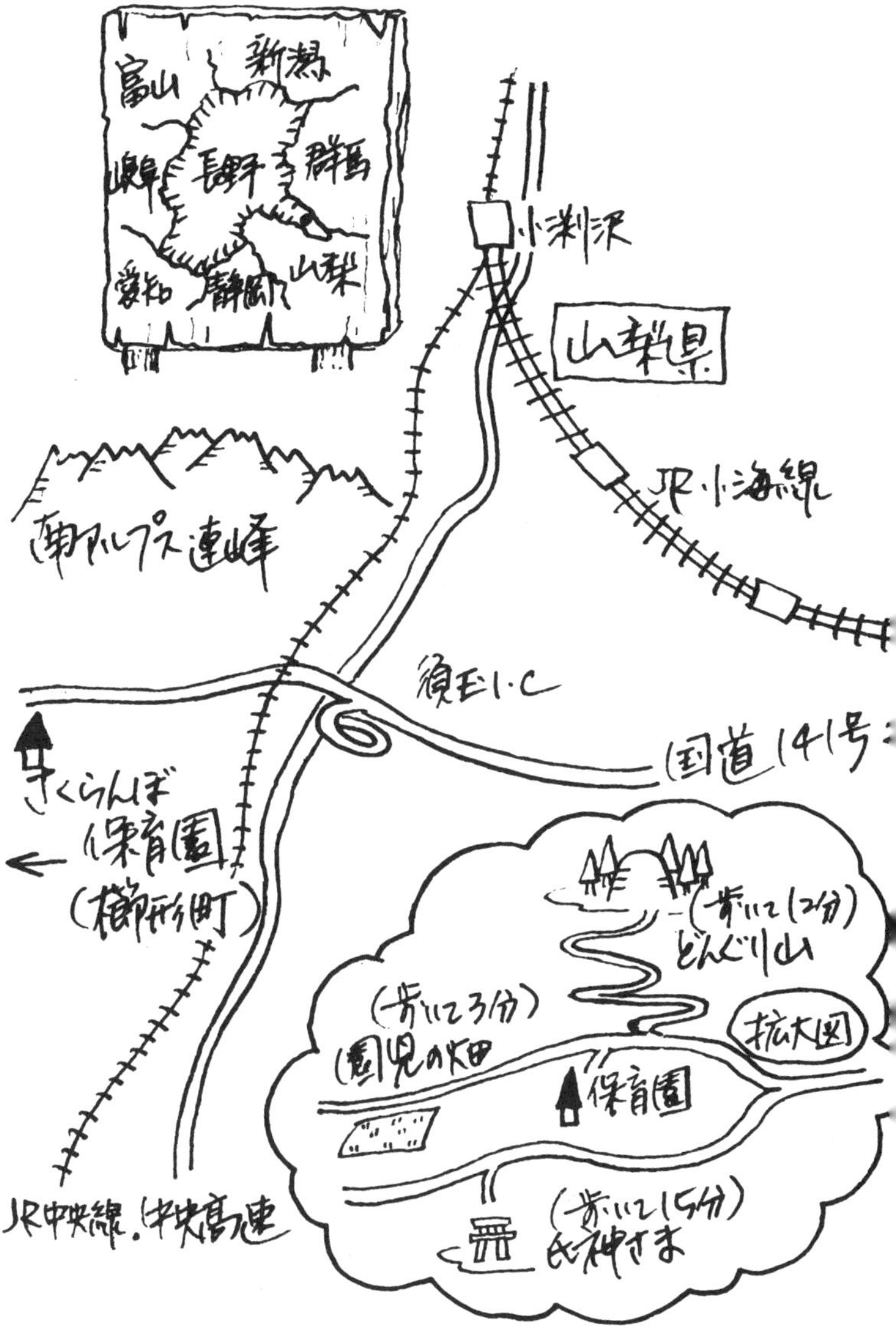
富山
新潟
岐阜
長野
群馬
愛知
静岡
山梨
小渕沢
山梨県
JR小海線
南アルプス連峰
須玉I.C
国道141号
さくらんぼ
保育園
(櫛形町)
JR中央線・中央高速
(歩いて12分)
どんぐり山
(歩いて3分)
園児の畑
拡大図
保育園
(歩いて15分)
氏神さま

はじめに

この本には、一九七七（昭和五十二）年から一九九九（平成十一）年までに私が出会った三つの保育園での子どもたち、先生たち、親たちのことが書いてある。三つの保育園とは、山梨県中巨摩郡櫛形町にある私立さくらんぼ保育園、長野県南佐久郡川上村にある無認可保育所みやま共同保育所、その隣村南佐久郡南牧村にある私立平沢保育園である。

都会育ちの私だが、すでに農村での暮らしのほうがはるかに長くなった。ここでの生活から保育ということを考えるとき、保育は、保育園（保育室）の中でだけおこなわれることではないということをいいたい。子どもと一緒に過ごすことで、忘れがちな野山の自然の魅力を発見する。子どもと出会うことで、お父さん、お母さん、おじいちゃん、おばあちゃん、近所の人とも仲良くなる。そして先生たちも、おたがいに親しくなり、励ましあい、仕事をしていてよかったと思う。そう考えてくると、保育とは、保育園で子どもを預かることが中心ではあるけれど、地域の中で、人と人とが出会い、村をつくる仕事なのだと思う。

だから、保育園がどうあったらよいかは、子どもを預けるお父さんお母さんの声、近所の人の目から見てたえず見直し、考えていくことだと思う。子どもが安心して過ごせる地域は、村の女性、お年寄り、大人たちにとっても暖かい場所となる。おおげさにいえば、村の財産をつくる楽しい仕事だといいたい。

二十三年間、行きつ戻りつしながら、保育ということの意味を考えてきた。私にとって、子どもたちはもちろん、数えきれない人たち、出来事、時間、自然、がエネルギーの源である。

この本を通して、保育という営みが、人と出会い、地域をつくる仕事であることをお互いに考えあいたいと思う。私的な生活史のようになってしまったり、「保育論」「園長論」などと、思いをぶつけてしまったが、地方での限られた経験の中からのまとめなので、率直なご批判をお寄せいただきたい。

子どもをどのように見るかということでは「子どもとことば研究会」での実践者、研究者から多く学んだことも紹介させていただく。子どもの世界は、楽しく、尽きない魅力がある。

村で仕事のチャンスをつくってくれた川上よし先生（巻末補筆（一）参照）、平沢保育園理事長野坂彬、雅子夫妻に心より感謝したい。

一九九九年十二月

近藤　幹生

目次◆人がすき 村がすき 保育がすき

〈補　筆〉

写真／川内松男・近藤幸男

装幀／川内松男

Ⅰ章　野菜農家を支える保育所

――ある共同保育所の歩み――

1――農家を支えるみやま共同保育所

八ヶ岳連邦を西に見る長野県南佐久郡川上村《かわかみむら》。東京からだと、中央線の特急に乗り約二時間半で小淵沢駅につき、小海線《こうみせん》に乗り換える。小海線は、山梨県北巨摩郡小淵沢と、長野県小諸を結ぶローカルラインである。小淵沢から約一時間で村の入り口「信濃川上駅」につく。もうひとつの経路は、東京から佐久平まで約一時間半、長野新幹線に乗る。そこから小海線を小淵沢方面に約二時間乗る。乗り換え時の待ち合わせもあるので、そうとうな時間がかかってたどり着く。駅からは、一日数本の村営バスがある。その終点は、秩父多摩国立公園である。川上村は、とにかく山奥の村である。

川上村には、ここを出発点とする千曲川があり日本海にそそいでいる。人口約四千九百人で、野菜を主とする専業農家が六割以上になる。この村で「みやま共同保育所」という三歳未満児だけの無認可の保育所をつくり、今は、私の妻光江が園長をしている。

川上村の隣りに南牧村《みなみまきむら》という農村がある。やはり、野菜や酪農を中心とする村であり、ここに私立の社会福祉法人平沢保育園がある。そこの園長が今の私の仕事である。

みやま共同保育所のある川上村は、妻の生まれ故郷。私は東京生まれ。保育の道に迷いこんだのは、二十三年前の山梨県でのことであった。結婚後、妻の実家の事情で山梨から長野県川上村に移り、両村の二つの民間保育園で子どもの保育にかかわるようになった。二つの村は地域性に違いもあるが、千メートルを超える高冷地にあり、野菜を主とする村であることは共通している。レタスや白菜を主とする新鮮な野菜を関西や首都圏へ送りだしている大産地である。

●真夜中の出荷作業

七月の夜、畑をライトで照らしながら、レタスの出荷作業が続く。時計をみると午前三時半である。レタスを切り、葉を少し落して、場合によっては葉をむいて形を整える。そして芯が上になるようにして、並べていく。包丁がレタスの底にさしこまれ、切り取られ、きちんと置かれるまで、一瞬のことである。深夜の作業にライトは欠かせない。並べられたレタスの切り口を、水を含ませたスポンジでふいていく。最近ではタンクに水が入っている噴霧器があり「シュッ、シュッ」と水を吹きかけて芯の部分の汚れや白く出る液をとっていく。腐りが入らないようにするためだ。そして、段ボールにレタスをていねいに詰めていく。レタスには大きさによって決められた等級があり、L、M、Sなどと種別に箱に入れられて、ふたをしてからシールがはられていく。L級は十六玉ほど入る。段ボールにふたをするとき、ボクサーというホチキスのおばけのような道具を使ってロックしていく。こうして整えられたレタスの箱が薄暗い畑に整然と並ぶ。ライトの動力となるモーターの音が響いている。その中でもくもくとすすめられる出荷作業。区切りがついたころ、一息いれる。しばらく前に夜は明け、もう照明はいらない。

みやま共同保育所にけいすけ君（一歳）を預ける高見沢勉さんは、まだ寝ている二人の子を毛布にくるんで畑に向かう。やはり午前三時ぐらいのことが多い。子どもたちは軽ワゴン車の後ろで寝ている。奥さんと二人で作業が続く。いつごろだろうか、目が覚めたおねえちゃんとけいすけ君。畑で朝食をとり、八時すぎにそのまま保育所にやってくる。「おとー、おとー」と大きい声で泣く。まだ眠いのかもしれない。「がんばれよけいすけ、おとうちゃん迎えにくるからな……」とお父さんはまた畑に行ってしまう。村中に響きわたる泣き声。けいすけ君はようやく砂場でおもちゃの車を動かしながらあそびはじめる。まだ、べそをかいている。一人、二人と子どもたちがやってくるうちに、楽しいあそびがはじまっていく。

なっちゃん（二歳六ヶ月）は、元気のいい女の子。けいすけ君の横にきて、「もう（牛）のうんこはこぶからねえ」なんて言っている。私と目があうと、思い出したように、「おじちゃん、しょうどくやってえ」とふろしきを何枚ももってくる。いくつか繋ぐように結んであげると、「おーい、ひっぱってえ、しょうどく、しょうどく、ゆかりちゃん、ちょっとくさいから、あっち、どいて、あっ、しんかんせんのるから、きょうきょう（東京）いくからいそいでしょうどく、あっ、さわっちゃあだめ……」と長くなったふろしきを消毒のホースにみたててひっぱっている。そこへるみこさん（三歳）も加わる。「あーあー、しょうどくのくすりついいちゃった、てあらおう、あーあー……」まるで、忙しい農婦たちである。

午前七時をすぎたころ、勤めの人が車で出かけていく。県道沿いの両側に出荷用のトラックが幾台もあり、ほろを広げている。その手前には、収穫されたレタス、白菜の箱が積みあげられている。トラックの陰でひと休みしている家族もいる。炊飯器を抱えた奥さんが道を横切ったりする。ここで朝食らしい。部落ごとにある集荷場には、関西、九州などからの大型トラックが何台も並び、荷を待っている。八ヶ岳を背にしたこの光景は、川上村の活気を物語っている。

夕方、長靴をはいて汗だくのまま迎えにくるけいすけ君のお父さん。

「ああ、もう、しんの（しんの＝疲れるなどの意味）なんつうもんじゃあねえよ、腰がえらい。午後は水やりがえらい、白菜が枯れるか、おれが倒れるかどっちかだよお」

腰をおろしたお父さんのところへ、けいすけ君が走ってとびついていく。

保育所の前の坂道にキャビン（大型のトラクター）が止まる。こうせい君（二歳）のお父さんのお迎え。「おーい、こうせい、帰るぞー」トラクターでこのまま消毒へ行くという。こうせい君もうれしそうに助手席に乗る。キャビンは囲いのある安全な大型のトラクター。野菜の大量生産とともに、導入する農家が急速に増えてきた。迎えにくるお父さん同士がしばし百姓仕事の情報交換などして、一服している。夏は五時や六時ではまだこれからひと仕事だ。

夏の夕飯前、スーパーで保護者と出会う。「いつもお世話さんで、おらっちの赤は（赤ちゃん）、じょうぶ（とても）重くてかなわねえ、先生に腰痛めねえよういっといてくれや」などと、みやま保育所のお父ちゃんと立ち話。村の若いお父さんはやさしい。聞けば、出産時の立ち会いがかなり当然らしい。生まれてからの健康診断なども、奥さんに必ずついていくという。「こんちわ」と今度は女性に声をかけられる。麦わら帽子に、手ぬぐいで顔はかくれている。目だけが笑っている。そして腰には包丁をさしている。このいでたちは村内では共通なので、笑顔で会釈されても誰だか分からないことが多い。女性兵士のようだといったら叱られるかもしれないが、働く農家の女性は生きいきとしている。

毎日の出荷作業と植え付けが重なる七月から八月が、忙しさのピークとなる。ほとんどの専業農家の場合、数人のアルバイトを確保して、最盛期を過ごす。そして畑に向かう時間も次第に早まっていく。地区によっても異なるが、午前一時に畑に居ることもある。深夜、点々と光るライトは、遠くからみると螢のようだ。なぜ、そんなに早くいかねばならないか。集荷時間が決まっているので、出荷数量の多い場合、早い時間から畑に行かないと予定数量の出荷が間にあわなくなるのである。アルバイトの手助けも不可欠となる。

●不安定な市況と厳しい労働

こうして、出荷されるレタス、白菜などによる農業の収入はどうなのであろうか。村の年寄りに聞くと、かつてはとても良い時代もあったようだ。川上村では、一九五〇年代の頃、在日米軍の依頼もあり、夏場のレタス生産がおこなわれるようになった。また、篤農家らの力で高原野菜としての白菜などの栽培もはじめられた。それ以前の貧しい村からの脱却を求めた先輩たちの積み上げとして、野菜作りの村をつくってきた。その基盤があるからこそ、今、後継者難に悩む日本農業のなかで、ここでは多くの農家で後継者を迎えることができているのだ。

では、今をどう表現するかというと、むずかしい。でも、野菜生産で生活し、子どもを、家族を養っている。村の経済を支えている基幹産業であることはまちがいのないことだ。需

暗やみの中に点々と明かりが灯る野菜畑。最盛期になると夜中の
午前0時1時といった時間から収穫は始まる。(99年7月)

奥秩父山系の甲武信ヶ岳に源をなす千曲川は、下流の新潟県でその名を信濃川と変え日本海へと注ぐ。
曲川の最上流部にある村が川上村である。豊富な水量が流域を潤し人々の生活を支えている。（99年8月

上村の基幹産業である農業。レタス、白菜の栽培は春から秋にかけて数回にわたって植え付け収穫がくりかえされる。数多くのアルバイトと家族総出で成り立つ農業でもある。　（99年7月）

ひと仕事終え畑で朝の食卓を囲む家族。収穫が最盛期になると子どもたちは畑で朝をむかえ、みやま共同保育所へと通っていく。　（90年7月）

給バランスにもよるが、野菜の値段が高騰し、一戸の農家で一日にして数十万、百万単位の売り上げとなることもある。そんなときの冬は、車を新しくしたり、家の増改築をすすめる。短い夏とはいえ、家族総出でアルバイトの手も加わり、身を粉にして働いたことに対する報酬である。逆に、作れども、また廃棄処分で捨てながら調整しても、価格が一向に上昇しないことも珍しくない。専業農家に聞いてみると、売り上げに激しい動きがあるからこそ、短い夏の間全力投球をしていくという。いつ値段が上昇するかは予想できない。

川上村は約千二百世帯、専業農家は六〇%だが、ほとんどの村民が野菜とかかわっている。勤めの人も早朝、夕方、休日には畑にでる。農業の生きがいとは何なのだろうか。つくったものが高く売れること、百姓として生活できることである。出荷価格が高いとき、やはり、迎えにくる保護者の表情も明るい。車ですれちがえば、いきのいいクラクションが鳴る。安値で廃棄処分しているときは、あいさつの手も挙がらない、これは当然のことだ。最近の野菜農家の暮らしは、決してよいなどといえないと思う。

生産者としては、野菜を適正な値段で買ってくれることを願っている。しかし、今生産者の現場で起こっていることに目を向けざるをえない。

レタスが十六個、箱に詰められている。このひと箱が喫茶店でコーヒーを飲む金額程度にしかならないことがある。レタス一個の値段ではない。一ケースの値段である。これほど生産者をばかにしたことはない。しかし、現実である。豊作だけが理由ではないようだが、そんな値段が続いたら暮らしていけない。

何度も見る光景のひとつに廃棄処分というのがある。前の日農協からの放送が耳にはいってくる。「明日の出荷については、レタスは申告の五〇%を廃棄してください……」生産者は、自分が出荷する予定をあらかじめ申告する。そして経済連でその時々の全国の市況をみながらレタスの出荷総量を検討し、調整のために捨てるのである。やはり深夜から畑でレタスを切る。出荷ではなく捨てるために。レタスは小さな山にされて畑に置かれていく。この捨てた山に対して農協から補助がおりる。といっても補助は生産者が積立をしてある中からでるという。点検が終われば、どこかにレタスをどかさねばならない。「捨てる場所を確保しました」という放送も聞こえてきた。レタスだけではなく、白菜なども出荷調整のために、ほとんど毎年のように廃棄処分がおこなわれる。さんざん捨てられた後に値段が少しずつ上昇していくという。台風、大雨などの災害がおこり、他の産地でレタスなどの野菜が全滅したり総量が減ると、川上産レタスの価格は上昇する。全国どこかの不作、災害によって成り立つ野菜生産である。ようやく値段が回復したと思いきや、局地的に雹《ひょう》が降り、目前に出荷を控えたレタスをちりぢりにしてしまうこともあった。まさに生産地同士の野菜戦争である。毎日の苛酷なまでの労働を知るものとしては、生産経費を維持できる価格になることを願うばかりである。夏をはさんでの数カ月間、家族総出でアルバイトさんも含めての出荷作業、二毛作の種蒔き、植え付け、消毒……猫の手も借りたい野菜モードの日々が続く。一箱コーヒー代程度だったものが、二千円、三千円へと上昇していくこともある。そうしたときがなければ、元気もでないし生活が成り立たない。だから捨てた後の畑には、すぐに次の苗を入れていかなくてはならない。夏は短く、八月中に植えないと、その年の秋の出荷に間に合わない。一箱千五百円、二千円がなんとか採算をとれる最低ラインだという。しかし、値段が高いときに必ずしも生産物が畑に充分あるわけではない。高くなったときに野菜を多く畑に持っている農家が、その年の勝者ということもできる。だから、いつでも多くの出荷ができるような体制にしておくことが求められるのであろう。

野菜の値段を知らせる毎日の市況は、村営テレビや新聞報道で見ることができる。値段が高いのはいいにちがいないが、農業自体にかなり経費を必要としていることも考えねばならない。出荷のときの段ボール代は、一箱二百五十円。一シーズンで一万箱以上は使うという。キャビンなどの大型の機械は一千万円を超える。導入すれば毎年高額の返済が発生する。修理にも数十万円かかることもある。アルバイトさんに支払う人件費は、食事代も含めると一日一万円は必要だという。三人で百日としたら、これもかなりの負担。農薬代、肥料代、種代……大きな金額が粗収入として入るとしても、そうとうな経費を負担する農業であることを知った。

▲高原野菜の栽培にかかせない大型の農業機械。

▼自然災害による損傷や豊作による安値で廃棄される野菜。　（95年8月）

あるお父さんから、「わりいけんど、保育料をちょっと、待ってくんねえかい……」という相談があった。その年、野菜は大暴落となった。送り迎えの親たちの表情は暗い。みやま共同保育所は無認可の保育所である。保護者の保育料と、村の補助金と、バザーなどの収益のみで運営されている。こちらも保育料がこないと、職員に賃金を支払うことができない。どうしたものか……。「考えておきます」とその場をかわして、翌日になった。けっきょく、どのくらい待てばよいかと、相談に応じることにした。野菜価格が安くなると、農繁期の季節保育所（みやま共同保育所は三年前まで四月〜十月開所の季節保育所だった）は早めに不必要になってしまう。当初、十月の終わりまで預けるつもりでいたのに、厳しいからということで、八月末までで退園というケースも多くあった。親が早めに保育所をひきあげていく。そうかといって、保母さんにも早く辞めていただくというのは、困難きわまりない。妻と二人胃の痛むときが続いた。この年の暴落は影響が大きく、農機具メーカーや村の大工さんの仕事、自営業の人たちの仕事は大幅ダウンとなった。村の基幹産業である農業の行く末が、こんなにも村全体の生活を直撃する現実を目の当たりにすることとなった。

みやま共同保育所は、川上村の野菜農家の人たちと一心同体である。深夜から働き通しの農家と小さい子どもたちをなんとか支えねばならない。そして、稼いでもらって保育所を支えていただく。野菜の値段が底値のようなとき、げっそりしてしまう母親たち。でも、なんとか盛り返して高くなったとき、元気になる。お父さん、お母さん、がんばれよと声援をおくる。「小さい子を預けてまでお金に欲をださなくてもいいではないか……」という声が聞こえてきたこともある。しかし、この村は、野菜農家で成り立つ村なのだ。もちろん、すべての家庭が三歳未満の子を預けるべきだというつもりはない。しかし、必要なところには、心からの支援をしていくのが、保育所の使命だと考える。

大暴落となった年の冬、農業団体の人たちとともに関西の市場視察、調査にいった。市場が野菜の取り引きの機能を果たさず、大手企業、スーパーなどによる先取りなどが野放しにされている実態を知った。消費者には決して安い値段で売られていないのに、生産者が捨てても、捨てても、値段が上がらないまま秋を迎えたのだ。買いたたかれていく仕組みがつくられていったのだ。

「あきになったら、ぶどうとりにいくんだあ、おとうさんとおかあさんと、おかねもうけていくんだあ……」と三歳のかなちゃんがいう。最も忙しい八月もそろそろ終わろうとする頃であった。小さい子まで、秋、親が暇になるのを待っている。若いお母さんたちもやせ細ってしまった。アルバイトを何人も迎えている専業農家の場合、小さい子を持つ親、とりわけ母親の苦労は並み大抵ではない。

小さい子を育てる母親は、夕方子どもと帰ると、山のような家事が待っている。アルバイトの人も含めると、十人以上の食事づくり、片づけ、お風呂のしたく、洗濯、なかには病弱のおじいちゃんやおばあちゃんのいる家庭もある。二歳のわが子がお母さんに抱いてもらいたくても、そんな余裕もない。村の野菜生産を底辺から支えているのが、村の女性たちである。

必死に働いた夏もすぎ、長い農閑期を迎える。お母さんたちお父さんたちにとっては、骨休みのときである。夏の働き振りを聞くと、どこにそのエネルギーがあるのかと不思議である。長い冬におおいに休んでもらいたい。実家へ帰る、趣味をする、家族で長い旅行にいく、そしてまた、百姓に挑戦していく。

●季節保育所から通年の保育所へ

みやま保育所も、農繁期の季節保育所から、三年前、年間を通じて預かる保育所になった。夏の野菜づくりは専業農家が主力であったが、暮れともなると自営業の人たちが、また忙しい。「お店の手伝いがあるんだけれど、二週間くらい保育してもらえないでしょうか?」「急に病院へいかなくてはならなくて、そのときだけ保育してもらえますか?」「葬式になってしまったんです。明日あいてますか?」「家ができて、新しいところへ引っ越すのに、子どもがいるとたいへんなのでみてもらえますか?」続けざまに、そんな電話が寄せられる。園長は困りながらも、「うちは床屋じゃあないんだ、あいてるかなんて。でも、私がみればいいんだから」と、けっきょく、引き受けてしまう。

十代のある若いお母さん。離婚して実家に戻り仕事を見つけた。二歳になる子をみやま保育所に預けて隣村まで仕事に通う。しばらくして、職場に近いほうがよいからと、広域入所の手続きを相談してきた。書類を出しにいき、保育所を代わることができた。つらいこともあるにちがいないが、元気な男の子と懸命に生きている。

初めての子をどうしたらいいのかと電話をしてきたのは、二十代のお母さんであった。電話の向こうでどうやらお母さんも泣いている。「おっぱいをのまないし、降ろすとずっと泣いていて、私が何もできないんです……」とにかく、保育所へ一度来るように話す。そして、しばらくのあいだ預けてみることになった。ところが、授乳時間になっても迎えに来ない。さてどうしたのか……おなかはすいてくるし、乳の出る人はいないかとまじめに考えはじめたころに、ようやくやってきた。眠いから寝てしまったという。園長はその言葉を聞いて、「赤ちゃんがおなかすいてるのに、どうしたの」とおこることもできなかった。保育所に預けてほっとしてしまったのだろうか。

こんなふうに若いお母さんたちのいろんな姿に出会う。子どもがいるんだから、どのお母さんもしっかり生きている。あたりまえだ。　親子の実情を知るにつけ、保育所が今この子とお母さんの味方にならねばと、話し合った。

村の診療所から「看護婦さんの代休体制を確保するために、資格のある人を入れたい、その人の子どもを、その人が仕事にくるときだけ保育してもらえますか?」と問い合せが入る。これでは、預かる側はどのような体制で保育をしていくのか、見通しをもちずらい。どうしたものか。けっきょくこれもなんとか受け入れることになった。園児に空きができたからである。なかには、東京からの電話で「五月の連休にそちらのほうのゴルフ場にいくんです。八ヶ岳がすてきですよねえ。あのう、その四日間だけ保育してもらえませんかあ?　一歳と二歳二人なんです」これはおことわりした。受話器を置いて、「いいかげんにしてよねえ、それとも、一日何万円といって引き受けるか」などと、冗談をいったものだ。

村の保育要求にすべて応えようと思えば、身がもたない。今のところ、村の保育需要をおひとよしの精神で支えている。財政保障、人員確保がみやま共同保育所の最大の課題だ。

川上村の子どもたちは、にぎやかである。就学前の児童は、約三百五十人、子どもは三人いる家が多い。なかには四人、五人という家庭も珍しくない。十五歳以下の年小人口比率は、県下最高である。この村の活気を保障しているのは、野菜農家の仕事であり、全国からくるお嫁さんたち、女性である。多くの困難も抱える川上農業であるが、子どもと女性にとって暮らしやすい村をつくる、その一役を担いたいものである。こんなみやま共同保育所は、後に述べるように発足から十年の歴史を経て、一九九七年九月、村の人たちの応援で新しい暖かい園舎となった。

2――村の保育運動とやぎさん保育園の誕生

●三歳未満児保育への強い要求

このみやま共同保育所の前身として村にはあゆみ保育園があった。あゆみ保育園は一九七九年から八七年まで川上よし先生（巻末補筆参照）とお嫁さんの恵津子先生とで続けられてきた。村にある公立保育所は、三歳未満児の保育はやっていなかったので、お二人が農繁期だけでもと、幼い子の保育を自宅を開放して続けてきていたのだった。その母親たちが、「三歳未満児保育をつくる会」という集まりをもって、活動をはじめた。そして会として、一九八七年に村内のアンケート調査をした。幼い子どもをもつ母親たちの集まりである「若妻会」の協力で、百三十九人（回収率七六％）から回答がよせられた。

三歳未満児に保育所は必要か？　との問いには、夏（農繁期）だけ必要（五十九人、四三％）、年間必要（十三人、九％）、必要ない（六十四人、四六％）と答えている。そして、農繁期の生活について思っていることを書く自由記入欄には、五十項目をこえる切なる声が寄せられた。

「祖父母が子どもの好きにあそばせてくれる点はとてもありがたく思っていますが、祖父だけの時は危ないからといって部屋中の戸を閉めたり（祖父が寒がりのため）子どもの半そで、半ズボン等の着替えを用意しておいても、汗びっしょりのままあそばせていることにたいへんこまっています。何度か祖父に話してみましたが、事故がおきてからでは遅い、風邪をひいたらかわいそうなど、けっきょく、祖父のいいなりです」

「（出荷作業のため）朝早く家をでるので、寝ているうちにバスタオルでくるんで祖父のところへ連れてゆくので、とてもかわいそう」

「親を一番必要としている時期の小さい子どもを仕事にかまけてみてやれず、たいへんかわいそう。祖父母のいる家はいいが、うちのようにいないところにとって、三歳未満の子どもを保育してもらえないと、仕事も育児も充実できず、二番目の子どもをつくることも考えてしまう状態である……」

一方、「自分の子どもなんだから、（三歳になって公立の）保育園にいくまでは自分で育てたい。忙しいのは誰でも一緒なのだから、家の人の協力を得て、母親がみるべきだ。子どもにとっても母親にとっても三歳までというのが一番大切な時期だと思う。事故があったときのことをもっと慎重に考えるべきだ」という三歳未満児保育への反対意見も少なくない。そして、こうした運動をすること自体への疑問も、「一部の人のみですから」など、寄せられた。当時（一九八七年）、あゆみ保育園に預けていた親たちは、こうした願いをもって村長さんへ陳情した。「農繁期に保育に欠ける三歳未満児を村の保育園に入所させてほしい。やむをえない事由で入所できない場合、その他適切な保護を考えてほしい」という要望であった。この願いはかなえられなかった。しかし、年間二十万円の未満児保育への補助金がはじめて実現した。

ところが、この時には、川上よし先生と恵津子先生は、長い間の過労で体調をくずされ、あゆみ保育園閉鎖の結論をだしていた。世話になった我が家の二人の娘はもう三歳をすぎており公立保育所にはいれるので、我が家には必要ではなくなった。でも光江は「三歳未満児保育をつくる会」として共に運動し、二十万円の補助がようやくでるようになったこと、近くで二人、三歳未満児保育を必要としている子がいることから、一年だけでもやらなければならないと考えた。保母さんを探したがみつからず、自分が資格もあるのでやればいい、場所は古いが夏だけなので家でやればよいと、はじめることにしたのであった。みやま共同保育所の出発である。一年だけという決断が十年の継続となり、新しい園舎の建設になるとは、その時予想だにできなかった。

一年目の保育は、五月から九月末までの期間、八時三十分～五時までの保育であった。子どもは三人（途中から四人）保母は光江一人。給食、おやつとも保護者が持参であった。毎日、二人の娘を（村の）保育園、学校へだし、家の掃除をして布団をしまい、保育所になる。保育が終わると、掃除をして家庭となる。日中は近所へ散歩、学校へ散歩、室内や庭であそぶ。子どもは少ないとはいえ、一人での保育は、トイレにも行けない目を離せない緊張の連続であった。

子どもたちは、光江おばちゃんに見守られ楽しく過ごしていった。

「みおちゃん、おおきくなったらおかあさんになっておかいものにいくの、としきをつれていくの」

「だいちゃん、おおきくなったらこいのぼりになるの」

「あそこ、こわかったよお。おにのでるところ」

おやつのとき、こんな会話が続く。親たちがレタスや白菜の植え付け出荷とせわしいとき、四人の子どもたちは、山、川の自然と、友だちと過ごしていく。家で飼育していたヤギ、ニワトリもよいあそび相手になった。

古い農家の庭先での保育は、地名である深山《みやま》をとって、みやま共同保育所とした。父母からは、やぎさん保育園と呼ばれるようになった。

ヤギやニワトリなどを飼っていたことからやぎさん保育園とも呼ばれていた。　（93年　撮影近藤幸男）

あゆみ保育園から引き継がれた当時のみやま共同保育所。自宅と保育室を兼ねていた。幹生の父（幸男）が時々訪ねてきては子どもの写真を撮ってくれた。　（92～93年）撮影近藤幸男

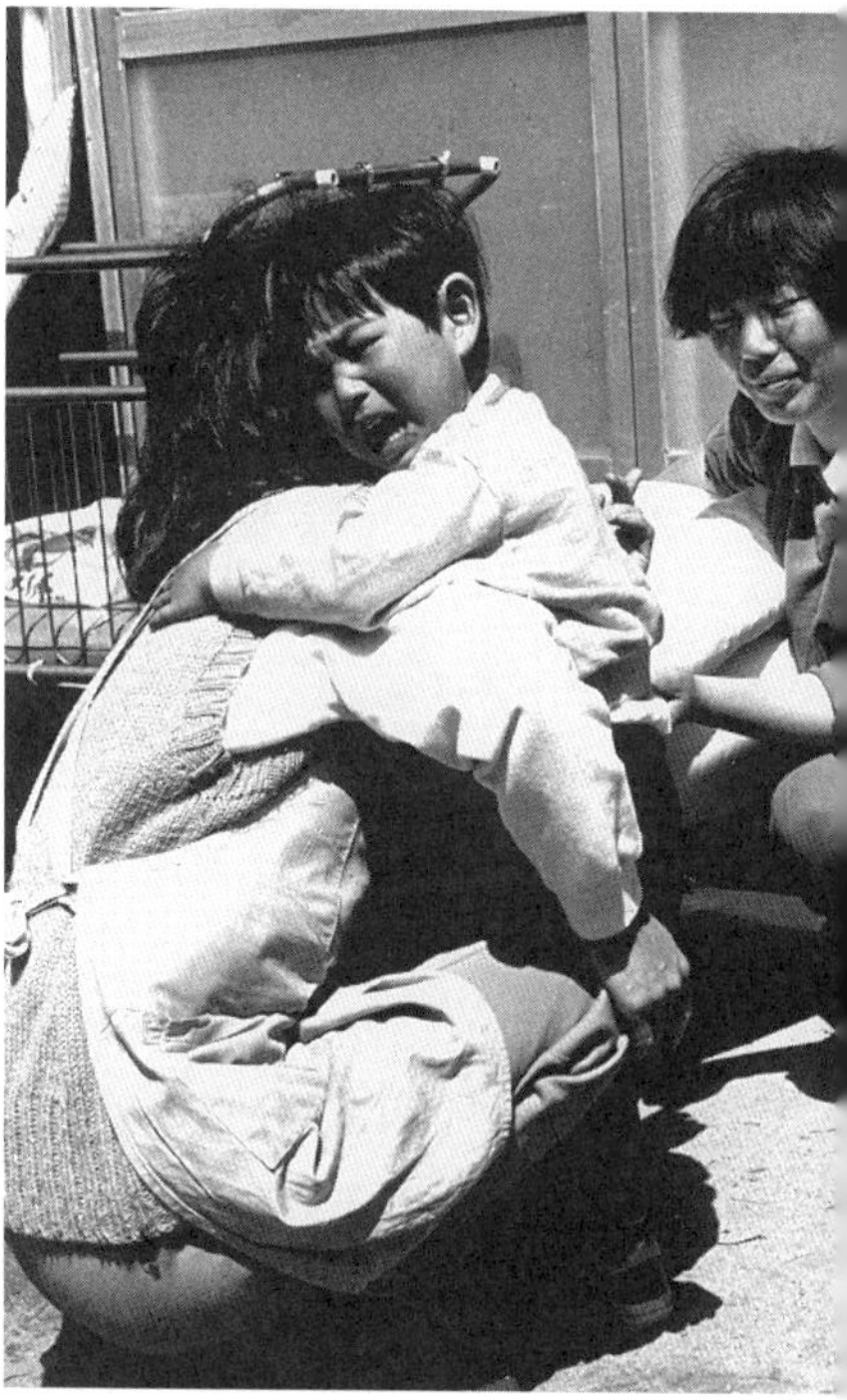

3――自然が育てる子どもたち

みやま共同保育所の子どもたちが七～八人のころ、保育者は私を含めて二名であった。村の小学校へ赴任した先生の奥さんが力を貸してくれた。子どもたちからは、おじちゃん、おばちゃんと呼ばれていた。

たっちゃんは一歳をすぎて保育所にきた。夏のある日、たっちゃん（一歳四ヶ月）は虫かごにいれてもらったモンシロチョウのとりこになった。食事のとき、虫かごを手放さないので、彼の椅子にかけておいてあげる。おひるねのときは、布団のなかにもちこむ。起きてからは、庭にでてヤギにみせる。ヤギが近づくと虫かごを遠ざけておこったりする。夕方、チョウは持ち帰られてしまった。家では、お風呂にまでもっていったそうだ。翌日から、保育所にくると網と虫かごを持ってチョウやトンボを追いかけるようになった。「つまいてよう」（つかまえてよう）というと、おばちゃんが相手をしてくれる。かごいっぱいにしては、大事そうにしてかかえている。こうして彼は、「チョッチョ、チョッチョ」といいはじめた。そして、部屋に入ると決まって一冊の絵本を取り出すようになった。『十四匹のピクニック』

というネズミたちのお話だが、チョウ、トンボ、カエルなどが野の花とともに描かれている。読んでもらっていてチョウのところへくると立ち上がってはげしく突進してくる。ページを先へすすめようとすると、私の手を払いのけて、先へすすんじゃだめと意思表示するので、この本の読み聞かせは彼がいるかぎり中断するのであった。ある日、絵本のあるページをめぐって、たっちゃん（一歳四ヶ月）とけいすけ君（二歳二ヶ月）とで論争がおこった。小川にかかる橋の下でトンボやカエルがあそんでいる。たっちゃんがトンボを指差し「チョッチョ」という。けいすけ君は「オンボ」という。「チョッチョ」「オンボ」「チョッチョ」「オンボ」との論争は絵本の取り合いに発展し、一瞬にして破れてしまった。しかし、一歳数ヵ月にしてからだ中の神経を集中させ、チョウと出会い、ことばを身につけていく過程に私は心をうたれた。

次の年、またチョウの季節がやってきた。たっちゃんは二歳四カ月になったが、チョウへの執着心はおとろえず、庭や散歩で見つけるテントウムシ、カメムシ、トンボへと関心が広がっていった。やはり、朝きてからの第一声は、「おじちゃん、ちょうちょつまいてよう(つかまえて)」である。かん高い声をあまり歓迎せずに聞いていたが、そのうちおじちゃんもチョウのとりこになってしまった。おしっこをするといってオマルに座るとき、食事中、布団に入るころ、たっちゃんは庭に舞うチョウを見つけては叫ぶ。そのたびにおじちゃんかおばちゃんが外へ出て、網を持ち格闘する。黄色い羽の真ん中にオレンジの斑点があるミヤマキチョウ、黒いなかにブルーがすき通るように光るアサギマダラ、文様から名がついたのかクジャクチョウ、子どもそっちのけで二人の保育者は感動の日々であった。いつもおばちゃんのあとをついて網をふりまわしていたたっちゃんが、ある日ついに自分でトンボをつかまえた。エンドウマメの支柱にとまったトンボ(ナツアカネ)にねらいをさだめる。斜め横から網をすくいあげるようにして、一瞬のうちに地面にふりおろすと、中に獲物がはいっている。網から取りだすとき、トンボのいる部分を片手で押さえ、もう一方の手を中に入れてトンボをつまみだす。羽は彼の指の間に静かにはさまれている。この技は毎日おばちゃんのあとを追いかけて習得したものだ。まるで昆虫少年である。二歳四カ月の子が自分でトンボをつかまえるとは、考えてもみなかった。おかげでエンドウマメやネギが犠牲になり、光江おばちゃんにたびたび注意された。

八月、ミニトマトがいっぱいとれる。子どもたちはそれをみつけると取って口にいれている。「水で洗ってからだよ」というと、一つとっては水道へもっていく。そのまま水であそび始める子、何回もトマトと水道を往復して食べている子、背の高い子がミニトマトの前で陣取る。小さい子がほしがるので、取ってあげている。よくみていると、自分では赤いおいしいのを口にいれ、まだ青い小さいのを取って渡したりしている。なるほど、でもかわいそうではないか。おばちゃんが鍋をもってきてたくさんとってくれた。あんなに食べたのに、おやつはおかわりで食べる。いつも先を競って食べる。もう少し待って、赤くなってからゆっくり食べればいいのにといつも思う。

秋を迎えるころ、庭を飛ぶトンボは数百匹にもなるだろうか。それをつかまえたいのは、子どもだけではない。夕方迎えにくるお父さんたちも網を振りまわしてうれしそうである。

保育所では、ヤギとニワトリ、ウサギを飼っている。ヤギはメーコと名付けられた。友人とそんな話しをすると、自然を取り入れた保育という方針なんですね、といわれる。その表現にどこか違和感をいだいてしまう。ややめんどうだが、ヤギ、ニワトリを飼っていたところに子どもがくるようになったんだと説明する。今ではほとんどなくなったが、ヤギやニワトリはかつてはどこの農家でも飼育していたらしい。農家の庭先は子どもにとって安全なあそび場所だと思う。どちらが先でもいいのだが、動物がいることでのかかわりは、なかなかおもしろいものだ。

ヤギは、川上よし先生のところでいただいたのがはじまりであった。大きな声で泣くのでよくめだつ。子どもたちは草をとってきたり、自分のもっているものをヤギに見せびらかしたりする。なっちゃんは二歳九カ月で保育園の仲間になった。ヤギに餌をはこんでは、「おじちゃん、なんでヤギさん、そとでうんちしてるの?」と聞いてくる。丸いうんちをポロポロするようすは、見ていておもしろい。なっちゃんはニワトリ小屋へいき、「おーい、こけこっこうこっちだよう」と叫ぶ。小屋から運動場のほうへニワトリがでてくると、金網をけとばし、今度は反対側へいき、「こけこっこう、こっちだよう」とくりかえす。自分の指図にニワトリが従うからおもしろいのか、毎日そんなことをくりかえす。あきてくると、「おじちゃん、こっこさんだっこしりたい、だしてえ」と要求する。胸でかかえこむようにして、ニワトリは落ち着いて抱かれている。しばらく庭に放すとるみちゃん、たっちゃんも抱きにやってくる。そのうち、なっちゃんが「あっ、くってる、おじちゃん!」土を掘り返してミミズをつついている。

堆肥をとったり卵がほしいので飼っているヤギとニワトリだが、なっちゃんたちが保育所での生活に慣れるように、保育者の手助けをしてくれたともいえる。

ヤギは大きな声で泣く。秋になるとその声にさみしさを感じたりすることもある。

ヤギもここで過ごしながら、確実に成長していく。年頃になり発情の時期を迎えた。隣村からヤギ商のおじさんが峠を越えてやってきた。トラックにさかりのついた雄ヤギがのっている。結婚の儀式。要するに種付けである。メーコは落ち着かないようすだが、無事種付けは終了した。それから、何度かこのおじさんに種付けをたのんだ。遠くから山を越えて来るので、ひとしきりしゃべっていく、きさくな人である。「おいも(あなたも)よくやるじゃんかえ」何が?「ヤギ飼うより、しんの(たいへん)ずらい、ヤギはそこらのあまりもんをくわせりゃあいいけんども、子どもはそんなわけにもいくめえ、なあ、いくたり(何人)いるだい? そんなかい、へーていしたもんだあ」けっさくなのは、種付けの支払いだ。「今年からよう、消費税もらうだけんど、よく呼んでもらうから、なしにしとかずよお」ヤギの種付けに消費税とは。

43　野菜農家を支える保育所

4――村をゆるがすお母ちゃんパワー

一年間だけのつもりで始めた自宅での季節保育所は、希望者が七人、十人と増え、私もその期間保育に携わることとなった。村からの三歳未満児への補助金が年間二十万円あったが、あとは保育料以外何も財源のない無認可の保育所、保育にかかわるおじさん（私）おばさんの待遇はとても劣悪であった。そこで、お母さんたちに正直に投げかけることにした。保育の必要性はわかるが、このままでは継続できないと。おどかしではない、次のなかから選択してもらいたいと数字も具体的にあげて相談を持ちかけた。

（一）保育料を今の二倍にひきあげる。そのくらいの収入がないとやっていけない。

（二）保育料が二倍にもなるのは困る。それならば村からの補助金をあげていただく。

（三）バザーなどをやり、収益をあげる。

（四）何もしないのも選択肢の一つ。でもその場合、あと一～二年も続けられるかどうか。

しばらく沈黙である。やがてぼそぼそと語りあいがはじまった。保育料の値上げは困るので、補助金を上げてもらおう、バザーもやってみるか、ということになった。

村長さんにお願いして、公民館の和室に集まった。話を進めるのはお母さんたちである。私はおやつとブロックを持って部屋の端で子どもをあそばせ、やりとりに耳をすませていた。お母さんたちの自己紹介のあと、本題に入る。はじめはおとなしく話していたお母さんたちだが、そのうち「本当に補助をあげてくれるんですかー!?」と、かなりきつく言い寄っている。こっちはハラハラであった。村に二つある公立保育園では、三歳以上児のほとんどがはいっている。村で三歳未満児保育がなぜできないかというと、親達の要望が農繁期だけというのが多いので、それでは保育者をさがせないという。みやま保育所には公立でできないことをやってもらっているので、補助を出しているという説明である。それなら、どうしてもこの補助金を増やしてほしいというのがお母さんたちの気持ちであった。決しておだやかな話し合いではなかったが、この年から月額で一人当たり二万円をこえる補助金が村から出るようになった。

バザーもやることになった。でも、誰も経験したことがなかったので、おかしなやりとりがあちこちでみられた。あるお父さんが「おれの部屋に時計がないから」と買ってくれた。係りをしていた奥さんが、「あっそれ、うちが出したものよ」。レジの人が、「じゃあいいわ、ただでもっていけばあ」。あるいはそれぞれに分担された仕事があるのに、「あれいいわ、とられたら困るからちょっと買ってくるわ」と、とびだしたり、古着の山のところでは、何人ものお母さんが座り込んで、物色している。バザーは村の女性たちのお祭りである。品物は予想を超えて集まる。冬を迎える前の家の片づけにも役にたっている。

光江は毎年これを限りにと思うのだが、終わればその日にもう来年の話がお母さんたちから出るのが常である。そして「私んとこ去年は品物出せなかったから今年は……」などという具合で、春先ぐらいから次々と品物が保育所に持ち込まれてくる。けっきょく毎年続いてきて十回を重ね、村の恒例行事となってきている。

目の不自由なおじいさんがいて、アルミ缶をつぶして集めてくれるようになった。千曲川源流にキャンプにくる観光客が飲むビールのあき缶を肥料袋に入れて集めてある。その後、こうした人が何人か現れて、朝起きると保育所の前にアルミ缶を入れた袋がどっさり置かれているという光景も日常になった。秋になるとそれをトラックに満載にして業者に出しにいくのが私の仕事になった。

バザーとアルミ缶回収で得た収益で、三輪車、プールなどの備品を少しずつ購入できるようになった。

●給食も備品も村人の善意に支えられて

はじめの頃、保育所の子どもたちのお昼はお弁当持参であった。給食が出せなかったのは、作る人もいない、設備、道具もないからである。おやつはお母さんたちが当番で人数分を用意する。出荷最盛期なのによく協力してくれた。サンドイッチ、ドーナツなどおなかにたまるおやつを工夫して用意してくれた。でも、そうはいっても給食があるといいなあという意見になった。そこで月に数千円の負担をしていただき、なんとか半日食事をつくる人をみつけた。おはずかしい話ながら、不足している道具を書いて協力を求めた。鍋、まな板、ボール、バケツ……ほどなくそろった。みそ、塩、しょうゆなど調味料までも提供していただけるようになった。ごはん、みそしる、魚といったような家庭でのふつうの献立がとても人気がある。しろいごはんだけをおかわりする子もいた。

こうして待望の給食がはじまった。給食材料以外にもいつもいろいろな方たちの支えがあった。実家から届いたからと新鮮なくだものを差し入れてくれるおじさん。けがをしたときはこれがいいと、アロエが届く。夏には食べきれないほどの野菜のオンパレードである。

他にも、新しくするので古いのはいらないと、いろいろな保育園から、椅子、紙類、げた箱、コピー機まで手に入るということで、車をとばして受け取りにいったこともある。失礼ながら、どこかに閉鎖になる保育園はないか、新しく立て替える保育園はないかといった情報をつかみたい一心であった。

みやま共同保育所は、村内、村外と幅広い人たちの善意によって支えられていることを痛感している。

川上村の若いお母さん達と子育ての勉強会などに取り組む。(84年12月)

川上村の小正月の行事「お方ぶち・子ぶち」小学生の子どもたちが、村の新住人となったお嫁さんと、この一年に誕生した子どものいる家に出向いて祝い歓迎するお祭りでもある。　(87年1月)

●保育所建設へ向けて

村の母ちゃんパワーには、たじたじとなってしまうことも何度かあった。ある日突然の電話、「近藤先生、すぐ来てください。あしたから署名運動をはじめますから……」行ってみると、「近藤先生を村の保育園長にしてほしい」ということである。趣意書によると、村立川上保育園は発足後三十年を過ぎ、村の発展とともに規模も大きくなってきた。園児数二百名、南佐久郡下でも中堅の保育園といえる。幼児教育の専門家をおいてほしい、といった内容であった。

お母さんたちによると、私がみやま共同保育所の仕事をしていてはだめで、村全体の保育を考えていくべきだということであった。気持ちはわからないでもないが、あまりの唐突なできごとに、どう答えたらよいのか……。「でも、もしそれで私が村の園長になってしまったら、今いる三歳未満児は、保育をうけれなくなる」といった。じゃあ、こうしましょうといって、項目を追加して「村で三歳未満児保育をしてください」「近藤先生を村の園長にしてください」ということになった。

次の日から署名活動がはじまった。お店にくるお客さんに説明して署名を集めるお母さん、「何の署名だい？」と私のところへ電話がきたり、農閑期のお茶のみ話にはうってつけのできごとであった。私は買い物に出歩くのも、どうも気がひけた。けっきょく、三百人をこえる署名活動となった。村の議会にもかけられ、村長さんも答弁した。署名活動で実現させるのは容易ではないが、村のお母さんたちが、子どものことで行動に出たということは驚いた。

署名活動よりも前のことである。

「村に三歳未満児保育を実現させましょう！　よろしくお願いします！　近藤光江です」

春、光江が村会議員選挙に立候補した。農家の若い母親の子どもを育てる苦労は並たいていではない。アルバイトさんがいて、お年寄りもいて、幼い子たちの世話もするという農繁期の村の女性たちの声を村の政治に届けたいと、彼女はマイクを握った。春まだ浅い四月の川上村は、肌寒い陽気でもあるが落葉松の芽吹きが美しい。たい肥まきのにおい、土をおこすトラクターの音、その中に光江の姿があった。彼女は村の農家の生まれであり、本当に村が好きだ。結婚したのに、子ども旦那とも引き連れて戻ってきてしまったのだから。頼むからやめてほしいとの父親の説得もふりきって、光江は選挙にでた。男中心の村社会にあっての「常識的」とはいえない決断であったのかもしれない。でも農家の女性の気持ちを言いたかったのだと思う。結果は、当選にはいたらなかった。しかし、反対していた父親はビデオをもち、兄は応援の演説をした。私も含めて生き方を問われたできごとであった。

それから六年たち、みやま共同保育所の建設募金を始めるとき、また、お義父さんがやってきた。目立つことをやって大丈夫かという。二十年近く前、私が将来性のない保育の仕事であるからと、結婚のときに心配をかけた。十五年前、川上村へきたと思ったら、目と鼻の先で保育園をはじめる、娘は選挙にまで出る、保育所建設の寄付を集めてまわるということで、心の中ではあるが、すみません、とおわびをくりかえす私であった。

いくつかの試練であったが、村での保育の仕事は、村の母ちゃんパワーにゆさぶられながら、今日にいたっている。

5――三角屋根の暖かい保育園

一九九四年、隣村（南牧村）の私立平沢保育園から、園長に就かないかという話がもちあがり、私はみやま共同保育所に責任をもっていたので悩んだが、けっきょく受けることになった。

代わりに光江がみやま共同保育所の園長になった。

彼女は以前に保母として仕事をしたことはあった。しかし、一年足らずの臨時保母であった。「だから、私は保育はわからないから」が口癖であった。でも、成り行き上しかたのないことである。「こっち（みやま）は子どもが少なく、いつまでできるかわからないから、私にまかせて、あなたは平沢保育園にいったほうがいいよ」といってしまったのだから……。

でも本当は、光江はお百姓をやりたいのだ。「野菜は、気にいらなければ、けとばすことができるけれどさあ、子どもはそうもいかないから、もう疲れる……。でも、保育はやらないわけにはいかない。だから、お百姓が働くのを夏のあいだだけ助けるだけでいいんでしょ、保育所がするのは、それだけでいいのではないか」という。実をいえば、私はこうしたいささか乱暴に聞こえる光江の「保育論」にはっとさせられることがよくある。私の中には三歳未満児の成長、発達を保障するには集団保育が不可欠だというとらえかたを強くもっていた。農繁期はもちろんだが、農閑期に三歳未満児保育がないのは、村の子にとっては、マイナスであると思っていた。一〜二歳の幼児たちには基本的な生活習慣を身につけていくのが課題だ。たとえば排泄の自立がすすめられてきたのに、十月で保育が終わり、家庭に帰っているうちに逆戻りである。しかし、光江の見方は違っていた。母親が夏はとても忙しく子どもをみてあげられない。それを支えることこそが大事な保育だと考える。農閑期は仕事がないから、冬はゆっくりみてあげようという親の考えを、まず、そのまま認めることが出発点であるととらえる。村の子どもがどう育つかは、親や家族が考えていくことであり、その応援のあり方をさぐるのがみやま共同保育所の役割だ、というのである。

いろいろな模索のなかで、みやま共同保育所は農閑期はクローズしていた。古い家屋で寒すぎることが主な理由だ。そのかわり保育所の閉鎖期間中は村の中ほどにある福祉センターを借りて、親子遊びの会というのを開くようになった。はじめのころは、あそび歌やリズムの講師を呼んで取り組んでいたが、予算も十分とれないので、みやまの保母さんがでかけて親子とあそぶようにした。和室をかりて、二週に一回ぐらいだが大勢の親子が集まる。農閑期、親はひまではあるが、子ども（特に三歳未満児）は友達も少なく、あそぶ場所もないので、午前中のひとときあそべるこの企画は要望にかなったともいえる。また、何よりも、お母さんたちの息抜きの場所になる。今では村の保健福祉課がおこなう集いとあわせて、週に一度の親子あそびの会が定着している。

●川上村子育てセンター構想

そんな経過のなかで、私たちは七年前、川上村の三歳未満児保育がどうあったらよいかをまとめて、村に提案したこともあった。仮称「川上村子育てセンター」という。そこでは、いくつかの事業を平行しておこなう。農繁期の（おもに四月から十月までの）三歳未満児保育、一年間を通して預かる三歳未満児保育、それから一時保育（冠婚葬祭など緊急時の保育、農閑期に週に数日間仕事に行く人などのために）、あそびの広場（農閑期に親子であそぶスペース）、小さな図書室、中学生や結婚した若い夫婦のための保育参加、障害児保育などを取り組める暖かい建物をつくりたいという構想であった。

川上村が野菜生産の村であることから、ここでの保育、特に三歳未満児保育は、実情に見合う柔軟な展開が大切だ。つまり、農繁期の保育を基本におくという主張であった。また、農閑期、三歳未満児を育てるお母さんが、短時間でも他の親子と一緒に過ごしていく広場で、そこには相手をしてくれるスタッフがいる（博物館や図書館のような場所）。そんな素敵な暖かい場所がほしいと考えた。それに若いお母さんたちのなかには、結婚して子どもが生まれても仕事を続ける人が増えてきた。母親の就労形態の変化に応える面からも、年間を通じた三歳未満児保育が、徐々にではあるが広がるという直感がしてきた。

みやま共同保育所が生まれて五年が経とうとしたとき（一九九三年）、再びアンケート調査をした。百五十八人から寄せられた回答。三歳未満児保育所が近くにあれば預けたいか、という質問に、三十三人（二〇％）が入れたい、六十九人（四三％）が入れない、わからないが四十七人（二九％）であった。入れたくない理由の六割以上が自分で育てたいということであった。また、入れたいと答えた人の六割以上が、四月から十月の農繁期保育を希望していた。それにしても、村で三十人をこえる母親が三歳未満児保育を希望していることに驚いた。また、三歳未満児保育を必要としない家庭も多くあることも確かであった。

さらに数年後、村として三歳未満児保育の必要性を問うアンケートをとった。三歳未満児保育を受けたいという人が五十人（四五％）に増大していた。農繁期だけの保育を希望するのが三十一人、農閑期も含め一年を通じてという人が十九人であった。子どもを生み、育てつつ働こうという女性の変化をはっきりと感じた数字である。そこからは、三歳未満児保育をする施設として、近い将来村内に二箇所（上地区、下地区）必要になっていくことが予想される。

●新園舎の完成

ある年、村長さんと保護者、私たちの話し合いがあった。村でできないことをやってもらっているので、もし保育園を建てるのならば、応分な負担をするので事業計画を出してほしいということになった。「それー今だー」と思った。知り合いの設計士に協力してもらいワークショップという方式でどんな保育園舎がいいかを考えあうことにした。

一九九五年十一月、「みやま共同保育所園舎建設のためのワークショップ」が開かれた。今の保護者だけではなく、これまでに子どもをみやま保育所に預けた親にお知らせを出した。はじめに参加者がいくつかの組にわかれて自己紹介。そのあと私が、「みやま共同保育所の過去、現在、未来」として短い話をした。みやま共同保育所のはじまりは、川上よし先生とお嫁さんがはじめた季節保育所（あゆみ保育園）であること、今の場所で続けていくために、村内、村外の多くの人達の善意が寄せられてきたこと、そして今、夏は涼しくても、古くて傾いている家屋では危険であり、冬の保育の要望もあるので、なんとしても、新しい暖かい園舎をつくりたいと語った。

設計図案を見ながら、グループで意見を出し合った。障子のある和室がほしい、雨でもあそべるテラスがあるとよい。「自分の家をつくるみたいで、楽しい」という感想も出された。また、村の気候条件にあったＯＭソーラーシステムを導入したいと考え、検討した。

そうした作業と平行して、村からの建設補助の見通し、建設募金を集めること、借り入れを含む自己資金の工面、建設中の保育をする場所の確保など、課題は山積していた。

「個人の建物に村が補助をするのはおかしい」「農家が倉庫を建てるのに、お金を出してくれと村にいえるか」など、建設補助を得ることに反対意見が出た。「無認可の保育所ではあるが、村の子どもたちの保育をしていくために建設したい。力を貸してほしい」「村の三歳未満児保育の検討委員会でも、寄付活動を事業主がすることなどを条件に、村が補助する内容の答申をまとめた経過がある」などと話しながら、議員や民生委員のお宅へお願いして歩いた。建設場所のことも議論があった。私たちは土地建物は公のところで確保できるように願ってきた。建設を考えた十年くらいのあいだに、いろいろな場所が候補地としてあがったものの、具体的に進展せずに過ぎてきた。三歳未満児保育検討委員会では、現状の場所ということに落ち着いた。当初、私有地（自宅の敷地内）に保育所ができることに反対していたのは光江であった。しかし、新しい園舎の建設をこれ以上遅らせたくないというのも、彼女であった。今思うとやや強引に進めてきたともいえる。しかし、村の子どもたちのための事業であり、必ずや村の人たちの理解、信頼を得ると信じて取り組んできた。

工事費用二千三百万円。寄付活動で三百六十万円、残りを借り入れ、自己資金、建設補助ということで見通しをもった。四月、工事業者との契約にこぎつけた。そして一九九七年六月工事がはじまった。

期間中の保育は、地元林野保護組合から、公園のクラブハウスを借用して保育を継続することができた。この借り園舎は、村を見渡せる高い山の上にある。その公園に、大きな滑り台もできたばかりであった。自然に囲まれたよい場所であった。保護者の人たちの協力も心強かった。借り園舎での保育のための引っ越し、疲れた夏の朝夕、急な坂を登る送り迎えも苦労であった。

この年の九月議会で、みやま共同保育所への建設補助金四百九十七万円が議決された。長野県内の村で、無認可保育所の建設にこれだけの補助がでたのは初めてである。

十一月、新園舎のおひろめ会がおこなわれた。村の関係者や牧師さんの話、男性コーラスなども交えて、木の香りがする園舎でのお祝いであった。

牧師さんは、三歳未満の子を育てる父母を暖かく励ました。そして、三歳以下の子は、家庭でみなければならないという神話が、今崩れてしまっているということ、親の愛とともに仲間や保母さんとともに過ごすことの大切さをわかりやすく語ってくれた。男性コーラスは、かつて私が農閑期にアルバイトとして働いていた森林作業の仲間たちである。「エーデルワイス」「荒野の果てに」を合唱した。世話になった村の助役さんにあいさつもいただいた。そのあとみんなで園舎内を見学して終わるという、とてもささやかな集いであった。

外から見ると、赤い三角屋根の洋風の建物、中へ入ると、障子、畳のある農家の雰囲気もある、暖かな保育園ができた。

川上よし先生は言った。「よくここまでおやりになりましたねえ、これからの苦労のほうがたいへんでしょうに。川上村へ来ないほうがよいといったのに、おいでになったのだからしかたがないですよねえ。でも、求めるところ必ずひらかれるということですよ、千曲川の流れ、やがてロンドンのテームズ川と一緒になります。……どこにだって人が住めば、教育の課題があるんです。子どもが減れば、私たちがお茶のみにでもきやすよ……長く続きますよ」

新しい三角屋根の園舎への想いは、先生が川上村へきた一九四七年以来の乳幼児保育に対する情熱の結晶であったという。

97年に新しく建て替えられたみやま共同保育所の園舎。　(99年7月)

▲みやま共同保育所の給食風景。（99年7月）

▼おじいちゃん大活躍　（99年7月）

山々の緑を背景にひときわ映える赤い三角屋根の園舎。
季節保育から通年保育へと保育内容も衣替えした。（99年７月）

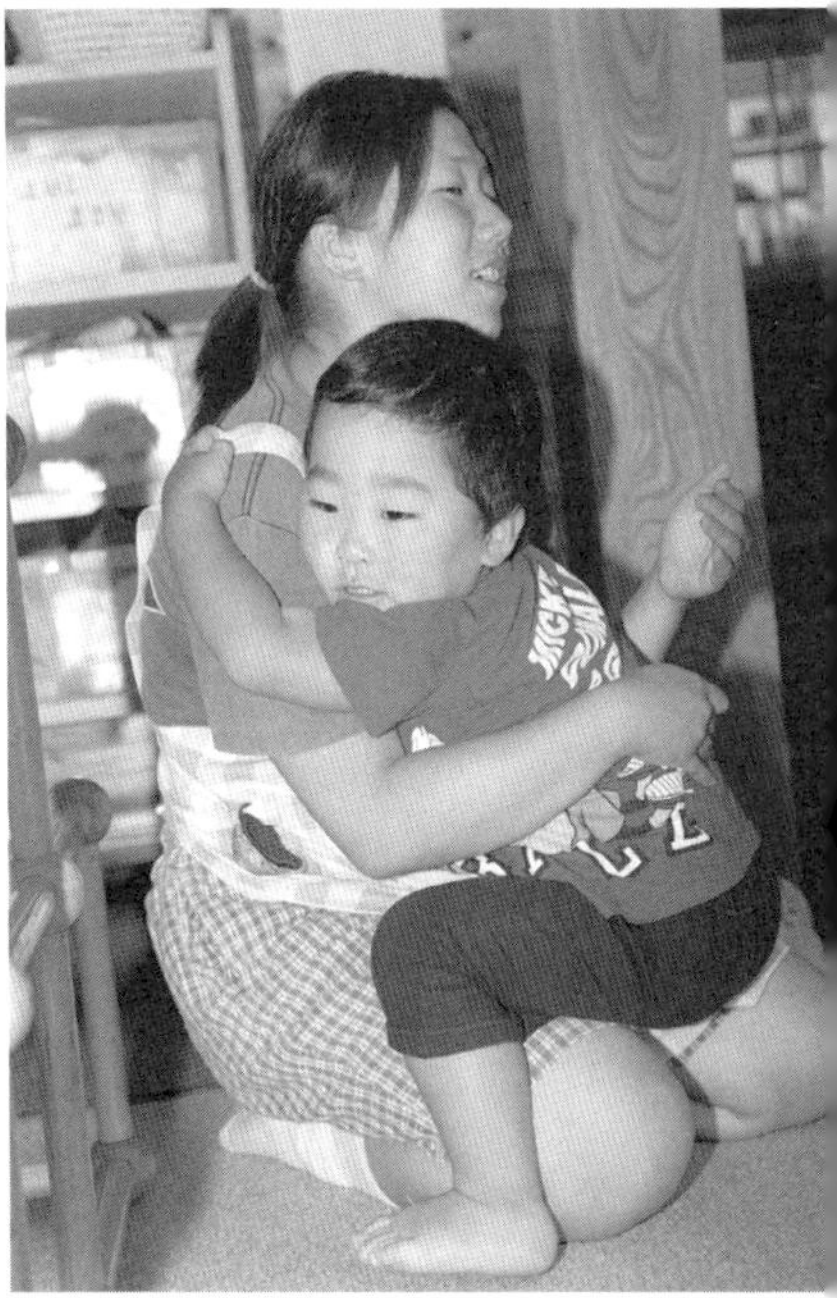

Ⅱ章　村に腰がすわるまで

――私のジグザグ――

1――おむつをかえる? そんな将来性のない仕事じゃあ、嫁にはくれない

二十年余り前の一九七八年の冬、千曲川を右や左に見て、山あいを奥へ奥へと走るバスの中に私はいた。とっくに葉を落としているのはからまつであろうか。私の生まれた東京都青梅市(おうめし)は杉林があるが、だいぶ趣が違う。川の右岸にある大きな岩は、古生代の岩盤であろうか。切り立った岩が今にも落ちてきそうだ。道の両側には畑が広がるが、今はほとんど雪におおわれている。バスは、はじめのうちは集落の間を走っていたが、やがて畑のほうが多くなった。峠を越えるとまた集落がある。奥へ入っていくにしたがい不安になってきた。信濃川上の駅を出て、一時間はたたないが、目的地はまだである。ようやく秩父多摩国立公園の看板がある梓山《あずさやま》という地区についた。バスを降りる。橋の手前を少し戻った所にこれから訪ねる家がある。

「どうも」というだけの私のぎこちないあいさつに、両手をついて深々と頭を下げる人たちであった。私としては二時間ほどで話をまとめて戻るつもりであった。でも「ゆっくりし

ていってください」という一言があっただけで、なかなか話がはじまらない。夕食をいただき、夜八時をすぎたころだった。あまりの静寂でどうしたらよいのか、困った。結婚という人生における決定的な場面での口上を昨日来練ってあったのに、いきなり「娘さんと結婚させてほしいのですが……」と切り出してしまった。その娘さんは下を向いているばかり。事前に彼女から聞いていた実家のようすからして「承知いたしました。娘をよろしく」などというはずはないと覚悟していたものの、長い沈黙が続いた。

当時私は山梨県櫛形町にある民間保育園に保育者として勤めはじめて半年だった。「男が三十歳、四十歳になって子どものおむつをかえるような仕事は、将来性があるとはいえない、せっかく教員資格があるのだから、これからでも転職できるではないか」というのがお義父さんの気持ちであった。私はどう話したか覚えてないが、保育園の仕事はどうしてもやりたいといった。ずいぶん長い時間がすぎた。保育園でも、公立など、より安定したところなどはどうか、そんな話で終わった。転職して教員をめざす、公立保育園を受けるといえば、だいたい結婚は決まりだったようにも思う。でも、そのとき私の頭に浮かんだのは、最近受け持ったのり坊や、えいこちゃんの笑顔であった。その子たちと別れて結婚をとるか、悩みつつも選択した保育の道を進み、結婚はしばらく先にするか、二十五歳の頭は混乱していた。

けっきょく、その娘さんと結婚し、三人の子の父親となり、四十代後半になってもまだ保育にこだわっている自分である。「疲れるなあ」を連発し、もう少しゆっくりしたいといつも考えている自分。もしかしたら、お義父さんの気持ちに添っておいたほうがよかったのかなあと一度ならず考えたものだ。しかし保育へのこだわりは、どうも一生続くことになりそうだ。一九九七年、自宅の横に新しい保育園舎を建ててしまったのだから。

●保育への思い

私が保育の道に入ったのは、一九七七年から七八年にかけて男性も保母資格試験を受けてよいという制度の改正がおこなわれたときのことであった。当時、教職の資格をとり、採用試験を受けたものの、狭き門を通れなかった。ならば、もう少し自分の好きな勉強でもしていようと、卒業後一年地学教室に研究生として移って発掘や先輩の地質調査につきあったりしていた。そろそろ翌年の仕事先を考えねばというとき、知り合いの保母さんが保母資格試験のテキストを下宿に届けてくれた。子どもにかかわることか、自然を相手とすることか、漠然とした迷いがあった。尊敬する故渡辺義晴先生（信州大学名誉教授）のところへたびたび足を運ぶ。なんの仕事につくにせよ、人間に対する旺盛な関心をもつこと、狭い専門家主義ではいけないなどとアドバイスをもらった。頭の中だけであるが、私には、保育（乳幼児の教育）こそ人の幸せに貢献する仕事であると、強い思いがおこった。また、一人の子どものなかに人類の歴史があるということを考えると、地学での生物進化論（自然科学）の見方も保育において不可欠という気持ちもわいてきた。抽象的な思考方法ではあったが、保育こそ自分の生きがいだという思いをこの期間にもつようになった。

保母資格試験のテキストをとにかく読んで、受験会場へ向かった。部屋の入口を開けると、一斉に女性の視線がそそがれた。男性は一人もいない。自分の席について問題に向かうのだが、顔がほてっていて頭も働かない。休み時間には、いる場がない。もちろん話す人もいない。試験中に手をあげ、具合が悪いとうそをつき退席させてもらった。どうしてこんなことになってしまったのだろうか。もんもんと考えていても、月日は確実に過ぎていく。意を決してまたテキストに向かい、冬の試験にそなえた。埼玉、千葉、山梨と資格取得試験のはしごをした。複数の男性が受験している会場があった。音楽の試験前、男性群は端に集まって特訓した。楽譜をよむコーリュウブンゲンのテストが難関である。一人、どうみても音程が激しくズレている人がいたが、どうしたであろうか……。他人のことなど心配してもいられない。試験結果を待ちながらも就職活動をしなければならない。学生時代の恩師、渡辺先生に紹介状を書いていただく。保育園にかぎらず、幅広く歩くようにすすめられた。履歴書を手に、教材会社、私立高校、市町村役場などを訪ねて歩く。なんで自分はこんなときを過ごすのか。同級生の多くはすでに学校関係の採用通知が届いている。

長野県内のある病院の保育所を訪問したことがあった。「保育園に就職したいってえ、あそこはうるさいだけ、一分もいられたもんじゃあない、それよりも事務がほしいんだよ、どうかねえ?」保母資格試験のテキストを渡してくれた保母さんに頼んで、知り合いに履歴書をまわしてもらった。ある自治体にいったとき、「きみ、教員免許があるのなら、もったいない」「なんで、わざわざ保育所なんかさがしているんだい」そんな対応されても、ぜひ就職させてくださいと頭を下げる日々が続いた。三月も中旬になったころ、山梨の民間保育園で試験を受けさせてくれるかもしれないという話が先輩から伝えられた。親戚がいるわけでもないが、とにかくそこへいこうと決めた。幸いそこでようやく採用されることになり、南アルプスのふもとにある私立さくらんぼ保育園が私のはじめての職場となった。一九七八年春のことだった。

●保育者としての第一歩

保育園の仕事は、子どもといるときだけではないということもわかった。四月、入園してくる子どもたちのために、部屋の準備や打ち合わせなど、限りなくすることがある。もとより器用ではない私であるが、そうもいっていられない。靴入れ、ロッカー、連絡帳入れなどに子どもの名前をつける役をみずからかってでた。先輩から借りた保育雑誌に、きれいなかわいい動物のマークを切り抜いて名札にしたものがある。これだ、と思いハサミと折り紙でつくりはじめた。どのくらい時間が経過しただろうか。気がつくと、横に体格のいいベテランの先生がいて、「あんた、何やってるだあ、重ねて切ればいいじゃんけえ、こんなことしてると、へえ夜になるよお、ハハハハ」と大声で笑われた。はじめ意味がのみこめなかった。私はゾウの形を折り紙に鉛筆で書いて、一枚ずつていねいに切り取り、「のりひと」というぐあいに書いた。靴入れの分、ロッカー、連絡帳入れと三枚をつくった。あっそうかあ、三枚重ねて切れば早い！　偉大な発見をした心地であった。

年に何回か、職員の懇親会があった。今でこそちがうが、そのころはどうも苦手であった。街にくりだすとなぜか私が先頭になる。呼び込みの兄さんが「よっ大統領、安くしときますよう。きれいどころ連れて、いろ男！」そうして入ったお店で、仲間たちは陽気に楽しむ。「ねえ、この水割り薄いと思わない？　近藤先生言ってきてえ」早く二次会が終わらないかなあと、そればかり考えていた。二十人近い職員で男性は私一人。日常の仕事では孤独感などないが、そんなときは困ったものだ。

私がただひたすら孤独感のみをあじわい、むなしい日々を過ごしていたとしたら、いやになって職場をとびだしていただろう。そうではなく、保母さんたちの心意気、やさしさを知った保育園であった。数年が経過するなかで、組合をつくることに力をそそいだのも、仲間たちへの信頼感があったからだろうと思う。

二歳児を受けもったとき、ともこさんという子がいた。生まれて三年もたたないのに、子どもというのはなんでもわかっているなと思い知らされる出会いであった。土曜日は子ども、先生ともお弁当持ちであった。私はこのとき一人身であり、近くのパン屋で買ってくる。散歩で出かけた先でお昼を食べるときになると、とも子さんが私の横にくる。じっとのぞいている。小さな声で、となりの子に「こんどうせんせい、また、パン」といっている。よし今度こそ何かつくってくるぞと決意はするが、そのまま一週間がすぎる。おべんとうを開く前から、彼女と視線があった。「おかあさんにつくってもらえばいいじゃんねえ」もう、おせっかいな娘だなあ、でもたまらなくかわいいと思った。翌年、私は結婚した。

この保育園での六年間で、自分の子ども時代を思い返してあそんだのは、四歳、五歳を受け持ったときであった。

雨の日、しげゆき君が「こんどうせんせい、ねんどでもしてていい?」という。どうも、私が忙しいとき、「ちょっと粘土でもしていて」と、いったんだと思う。学校でいう自習のようなものか。子どもの言い分を聞いていると、自分の保育の粗さがよく見えてくる。

それでも、四歳五歳の子どもたちと過ごした四年間は、楽しかった。竹を使ってあそんだことがあった。職員の親戚で竹を提供してくれる人がいるということで、孟宗竹をたくさんもらった。筏《いかだ》をやればいいよと保護者の一人からアドバイス。えっ、できますか? 組み方を教えてもらい筏をつくった。五歳児はキャンプがあるので、それにもっていこうと考えた。南アルプスの渓谷へ出かけ、子どもたちがみごと筏にのった瞬間は、私も感動の涙であった。キャンプも終えて、筏につかった竹は、弓矢、ぽっくり、竹馬、 爪と姿を変えていった。私のクラスはいつも汚れていたが、子どもと一緒になってあそびにひたりきった日々であった。ある年の卒園製作で庭にアスレチックをつくろうと考え、電力会社から古い電柱を払い下げてもらった。大きな穴を掘り、夢中になっているうちに夜九時をはるかにまわってしまったこともあった。

あまりていねいとはいえない保育ではあった。今考えてみると、よく好きなように保育をさせてくれたものだと、感謝している。

初めて男性保育者を採用した深沢澄子園長は、言ってみれば、パワーのかたまりであった。就職して一年目に0歳を持たせたということも、決断のうちであったろう。電柱の払い下げはもちろんのこと、わらをつかっての縄ない、キャンプでの料理活動、世間をあまり知らない育ちの私を、いろんな場面に出会うように指導されたのだと、振り返る今である。後に、私は組合書記長となり理事者である園長と、交渉の場面でかかわるわけだが、私個人としては力不足の連続であったが、よき人生勉強になったように思う。

保育理論の研修にも自分なりに力をいれた時期だと思う。実践記録などをまとめたりし、子どもの育つ道筋と、年齢ごとにどんな内容の保育が求められるのか、おおまかではあって

保育士としとの第一歩をふみだしたさくらんぼ保育園で。　(80年12月)

さくらんぼ保育園にて。(81年)

▲初めて担任した年長組さんたちの卒園の日。　(83年3月)

▼さくらんぼ保育園で一緒に保育をしていた頃の光江。(80年2月)

さくらんぼ保育園。5歳児たちとキャンプの薪集めに出かける。（81年7月）

も、だいたいつかめたようにそのときは思えた。

しかし、今振り返ってみると、わずか六年の保育経験でおおまかなことはわかったとする自分の考え方は、自信過剰に近いものであった。それは地域が違えば保育のありかたも異なるという事実をつきつけられたからである。その後長野県川上村へ移ってから痛感したのは、山梨の職場でとらえてきた私の保育の考えを、脇へおかなければならないことばかりであった。また、保育への考え方にとどまらず、職業に対する、地域社会に対する自分の見方も問い直しを迫られたのだった。

2——川上村へ

さくらんぼ保育園で六年目を迎え、仕事の充実感を得ていたころ、光江の父が川上村へ帰ってきてほしいと再三頼みにきた。

彼女の実家には年老いた祖父母と父親がおり、村でも手広い方にはいる野菜畑を営んでいた。彼女は大学を卒業直後に母親を亡くしており、私と結婚するまでは、母親代わりもかねて実家の農業を担っていたのだった。結婚を機に、代わって実家には姉夫婦が同居していたのだが、その姉夫婦が都合で他に移ることになった。

私はといえば、村は閉鎖的で、おくれた意識で個人の自立した生き方など尊重されないと、漠然と思っていた。当然義父の話もあまり肯定的には受けとめなかった。また、私は、村へ入りこのままただの百姓にはなりたくないと考えた。「ただの百姓とは何ごとよお、できもしないくせに」と光江と激しい言い合いとなってしまった。その後村へ来てからこうした私の中にある職業観と村社会への偏見を問い直すのにいろんな出来事に出会うことになるのであるが……。

ともかく、光江は二歳になった長女を連れて「川上へ帰るから」という。「だって、白菜もあるし、洗濯も布団干しも誰がやるの」と彼女の決意は動かない。年寄りだけの暮らしへの心配もさることながら、出荷を間近にした白菜に吸い寄せられていくようにみえた。夏前、光江と長女は川上村の実家へ帰っていった。長女は村の季節保育所、あゆみ保育園に預けられることになり、光江は野菜の仕事に打ちこんだ。

光江が川上へ行ってしまってから、私は山梨で単身保育者をしながら、休日などを利用して長野県南佐久周辺での保育園の仕事探しにあけくれた。週末川上へ行き、月曜日の早朝山梨へ通勤する。不規則な生活から肺炎を患い長期に欠勤したりもした。それまで、六年の保育園での経験があるとはいえ、男性の保育者を受け入れるのは壁があつかった。

ある村役場へいったところ、「うちはもう人事で園長は決まってますから」といわれた。保育者として働きたいと説明したが、のみこめないようだった。また別の町では、川上ほどの奥からはとても通えないと断られた。三月も中旬をすぎた。私は三月でさくらんぼ保育園を退職し、家族のいる川上村に行くことに決めていたので、四月から働かないわけにもいかず、転職を決めた。中小の自営業者のための団体である商工会の事務局に勤めることにした。職場のある佐久市まで小海線で一時間以上かかるがしかたない。ようやく、家族で一緒に生活することが可能となった。仕事は、建設業、商店、食堂など中小業者のための営業、生活相談などということだが、まるで知らない世界であった。青ざめた表情でおじさんが事務所にくる。聞いていると、「あしたまでによう、二百万なんとかしてくれよう」と緊急融資の相談。下請けの仕事をやったのに、ずっと支払いがされないから、一緒に行ってくれといってきたり……。数百人の会員から会費を集めること、新聞を届けることなどが私の仕事だった。「会費が集まらないと、近藤くんの給料にならないぞ」と聞いたときには、困ったところへ就職したものだと考えこんだ。でも、中小業者の心意気に励まされたこと、税金申告は自主的にするということ、複式簿記による実務など得難い経験をした。

週末は光江と実家の野菜作りを手伝った。トラクターに乗ってみたくなり、動かしてみたものの、止まらなくなり、ハンドルを回して自分が飛び降りた。途中で止まったが、斜面になっていた畑で、そのまま下に落ちていたら大事故になったかもしれない。二トントラックをバックさせようとしたら、崖を踏みはずしてトラックが傾いてしまったこともあった。白菜の箱がのせてあったので、箱を畑側に移動し、自分だけ運転席から降りた。「あんたはよくても、白菜をつぶすつもり！」と光江の叫び声が頭に残る。けっきょく、重機を頼んで引き上げてもらった。また、何回か白菜を満載にして、東京の太田市場、甲府の青果市場に運んだことがある。もちろん私ひとりではない。義父が運転手で、夜間なので私は助手席にいるだけであった。ところが、途中から眠いから運転を代わるようにいわれた。私がハンドルを握ると同時に義父はいびきをかいて眠ってしまう。高速道路を大きいトラックで走る。生きた心地のしない三時間であった。
それ以来、トラクターと二トントラックは運転しないことに決めている。

秋、川上よし先生から隣村の平沢保育園で臨時の保育者を探していると、紹介があった。酪農と野菜作りの村にある私立保育園で、通勤は四十分ほどかかるが、佐久市よりも近い。どこかに保育への希望を捨てきれない自分があったので、面接をして十月から通うことにした。四十五人定員の小規模な保育であった。山梨の保育園を後にしてから半年を経て再び保育の仕事に戻った。

同じ頃、光江の長兄夫婦が実家に戻って農業を継ぐことになった。そこで私たちは、住む場所を探さねばならなかった。「これから寒くなるのにそれはご心配でしょう」とよし先生が村中を歩いてくれた。ようやく貸していただけそうな古い家屋が見つかった。でも、中へ入ると、床は傾き、くもの巣だらけで、暗い。ここで生活できるのか。南側に向いてはいるが、林が迫り陽当たりも悪そうだ。生まれてまもない次女は大丈夫だろうか。「でも、誰よりも、太陽のありがたみがわかりますよ。少しずつ直せば使えます。貧しきもの幸いですよ」との先生の励ましに、ここで暮らすことを決めた。西側の入り口に門長家があり、かつては人が借りて住んでいたという。正面の玄関横には、洋間が二間、居間、座敷、奥座敷、小座と部屋数は多い。二階はかつて養蚕で使った場所がある。北側に出たところが風呂場、外に便所があり、東側は井戸。庭が広い。昭和以前の建物であり古いことはまちがいないが、洋間や門長屋があることから、経済力のある人がつくったとの説明にもうなづける。最近では、水道工事の業者が飯場として使っていたようだ。秋、風の強い台風の夜など、家ごと飛ばされてしまうのではないかと眠れないこともあった。

よし先生に手ほどきを受けて、ヤギを飼うことにした。門長屋があるのでそれをヤギ小屋とした。毎日の餌の草取りは畑にいく光江の仕事となった。夏の週末、千曲川の橋の下に葦があり、鎌を持ちでかけた。片手で持てるほどの束にして、ひもではなく、葉を使って結ぶように教わる。それを幾つも積んで帰る。秋にはトウモロコシの茎をもらい集め、他に大根、ニンジン、いもなど食物を確保する。これが冬中のメーコの餌となる。二階の棚に干草がたまると、どこか豊かになった気持ちになる。数年間のうちに、ヤギ、ニワトリ、犬、アヒル、ウサギ、ネコと、古い我が家は動物たちの住み家となってしまった。

農繁期の早朝、光江は三時ごろから畑へ行ってしまう。出かける軽トラックのエンジンで二人の娘が目をさます。次女は二歳にもならないので大声でなく。とんとんして寝かしつけると、今度は外でメーコがなく。でていくと、ネコ、ニワトリ、犬と餌をほしがり大騒ぎ。ああもう五時だ、朝食の仕度をしているところへ光江が戻ってくる。

冬の寒さは格別である。灯油の大きいストーブを燃しても効果はない。換気は抜群である。頭だけだして、豆炭の炬燵にくるまっているのがいちばんいい。子どもたちは便所が遠いので、玄関を出てすぐの石のうえで用をたす。外気温との差が小さいからか、ほとんど風邪をひかないのが、不思議であった。

こうして、広い、古い、寒い我が家での暮らしがはじまった。

3――貧しき多角経営のこと

一九八八年五月に、私はそれまで四年近く勤めた平沢保育園を退職した。この年の二月、叔父の近藤薫樹が、長い闘病生活の末亡くなったからである。亡くなる直前まで、出版を前提とした近藤薫樹の私的ゼミが行われており、私もそれに長野から通って参加していた。遺稿の意味も含めて、その出版に向けた編集作業に専念する必要があったのだ。その他薫樹氏の生前の仕事の整理など、いくつかやらなければならない大事な仕事があった。「それなら休職してやればいいのでは」という園長の好意もあったのだが、辞めることにした。

実は、川上村に行ってから、なかなか思うにまかせぬ私を案じてのことだったと思うが、私の父と薫樹氏とで、私たちが東京に戻って仕事ができるように、いろいろ工面してくれていた。しかし、薫樹氏の亡くなる二ヵ月前、私は最終的に、東京には戻らないと二人に返事をしてあった。

迷いはあった。気持ちの半分は東京に行こうというのがあった。光江も、いわば、光江の実家の都合で私たちが川上に来ることになったといういきさつがあるので、今度は、私の意向に従うとはいってくれていた。ただ、私自身は東京でやりがいのある仕事に就けるだろうが、光江が百姓の仕事に打ち込む姿を見ていると、彼女がそれを失うことになるのはいい事ではないと思った。

それに、自分は山梨時代の六年間でいろいろな人間関係をつくることができ、それが自分の宝だと思っていた。ようやく村の中で出来はじめていた人とのつながりを途中で投げ出すことになるのは、自分の生き方としても抵抗あった。

けっきょく、村に残ると決めたわけだが、平沢保育園を退職し、薫樹氏の本の編集作業に専念することにしたのは、自分の中にあった迷いとしっかり向き合うためにも必要だったのかと思う。

平沢保育園を退職して東京へ往復していた私は、前章で述べたようにその年から自宅で始まったみやま共同保育所の保育をときどき手伝った。三人の子どもを光江と二人で河原へつれていってあそばせたことが何度かあった。「ねえ、これで保育なの？」と私がいえば、「これが保育なの、悪かったわねえ」と夫婦でつまらぬ言い合いとなったりしたことがあった。

九月中旬の夜、光江が急に胸を苦しがった。夏の疲れもあり、風邪気味ではあった。でも、容易にはおさまらないので、救急車で病院へ運んだ。狭心症ということで、そのまま入院となってしまった。幸い十日ほどで退院することができた。妊娠初期で風邪薬が作用した可能性もあるとのことで、ようすをみるようにという診断であった。入院中、保育は臨時休園にさせてもらったが、そのあとは私が保育責任者として十月末までの残りの期間、保育を引き受けた。平沢保育園を辞めて半年、また、保育に戻った。

自宅での農繁期保育が終わるころ、私の方の仕事、本の編集作業はすでに終了していた。半年の失業手当も切れる頃であった。職安へ行く。何の仕事を希望しますか？　保育、教員、それは見つかりにくいでしょうねえ、などといわれる。光江の体調も気にしつつも、我が家の経済も考えなければならない。

みやま保育所の保育料は月額で一律に一人三万二千円（当時）、それで三人か四人、しかも農繁期だけ。これではとうてい家族四人が暮らしてはいけない。そんなことはわかっていたことだが、時間に余裕がでると、心配でたまらなくなる。そんなとき、小中学生の勉強の面倒をみてほしいという依頼があり、家庭教師を引き受けた。久しぶりに英語や数学の参考書を買う。はじめ一人、二人であったが、小学生が三人、五人となり、みやま学習教室と名づけた。中学生は五人、そこへ高校生も一人加わった。週に二回は自宅で、あとの三回は農家の倉庫を借りるなどして、部落をまわってみやま学習教室を開いていった。小学生は宿題をしたり、休みにはレクリエーションをした。小さな学童保育所のようであった。中学生が増えると、準備にも時間を費やすようになった。そして、受験生となると、二月、三月が緊張の連続であった。私立高校から入学試験が始まるが、三月は連絡が入るまで気持ちが落ち着かない。入学試験の発表は、本人からの報告よりも速い村の情報網による連絡があった。それを聞き、ようやくおちついて春の仕度にかかれると安堵したものだ。

こうして日中は保育、夕方から学習教室という生活になっていった。それから私が再び平沢保育園に行くことになるまでの四年のあいだに週に五回、生徒は二十人を越えるまでになった。

気がついてみると、自分は0歳から十七歳までの子どもとおつきあいしていた。責任の重さをこれまで以上に感じるようになった。さまざまな問題、相談が持ちこまれる。自分で対応できないことは、児童相談所や詳しい先生を紹介する。障害児保育、学習の遅れ、学校へ行かない子など、難問題にいくつも出会った。

あいかわらず、経済的な生活は厳しかった。

●山仕事で教わったこと

夏の夜は、光江とほうれんそうの袋詰め作業をやった。昼間、畑へ出ている光江が収穫してきたほうれんそうを計り、袋に入れていく。学習教室を終えて、夜九時ごろから十二時近くまでコーヒーを飲みながら二人で作業した。汚れをとり、根を切り、二百グラムを計り袋に詰める。これで一袋あたり八十円ぐらいであったろうか。「そんないいかげんな詰めかたじゃあだめ！」という言葉で目が覚めたこともたびたびあった。早朝、週末はレタスの出荷作業も手伝う。

十二月のある日、光江が「お父さんの仕事を見つけてきたからね」という。一日一万円の日当と聞いて、私へのことわりもなしに同級生に頼んだという。森林組合の作業班の仕事であった。四人ほどの先輩たちがいて、チェンソーをもって山へ入る仕事である。もちろん、経験などない。できるだろうか……？　やはりチェンソーのエンジンが動かない。何度もスターターを引くうち、腕が痛くなる。ようやくかかった。さあ、どの木を切ればよいのか。見まわすが先輩たちはいない。移動しながら間伐作業をすすめていくのだ。横へ動いて、出会ったら戻って……、何度もそういわれたけれど、うまくいかない。全身汗だくで戻ってくる。帰宅して作業着を脱ぐと枯れ枝、葉っぱが部屋中に落ちる。ズボンもオイルにまみれて臭い。何日続くであろうか。これは、もうクビかなと思った。でも、朝、時間になると「いきましょう」と軽トラックが迎えにくる。

かなり寒い日も仕事になった。現場へつくと、焚き火をする。手やからだを暖め、チェンソーにオイル、燃料を入れて、歯を研いで作業が始まる。ゴーン、ゴーンと山にチェンソーが響く。ぼさ（細い枝など）を切りながら横へ進む。仲間と出会うと今度は反対方向へ進んでいく。初めて落葉松の太いのを（といっても直径二十センチぐらいの木だが）切るときは、不安であった。仲間のほうではなく、谷側へうまく倒れるだろうか。でも、うまく切れなかった。仲間が来て、受け口の作り方があまいのと、つるにかかかったときは反対から切るなど教えてくれ、手助けしてくれた。森林の仕事は道なき道をゆく。現場に到着するまでずいぶん奥まで車で走ることもある。雪解けのぬかるみに車がはいってしまい、助けてもらう。帰りに道に迷ったこともあった。月が変わると給料をもらった。とても一人前の仕事はできてないのに申し訳ない気持ちであった。でも、きつい仕事に汗して得た報酬としてうれしかった。月に十日から十五日ぐらい、多い月でも二十日までいくことは少なかった。雨が降れば足場が悪く危険であり、雪が降れば解けるまで仕事はないということもあった。

後で聞いたことだけれど、「近藤さん大丈夫かと、ハラハラしてみてたよ」ということであった。先輩たちの辛抱強さ、親切に支えられてなんとか一緒について仕事をさせてもらった。山へ入ってのお茶と弁当のうまさはたとえようもない。火にあたり、めしをくう。横になって空をみあげる。エナガのむれが木の実をつついている。つぴんつぴんといって、移動していく。茶色と黒のやまがらが顔の近くまできている。音のないときを過ごす。先輩たちと特に何かを話すわけでもないが、山へ入る幸せをしばし味わった。雪深い山の斜面を作業しながら登るときもあった。霧氷が西陽をうけて輝くさまは、幻想の世界そのものであった。川上村の約六〇％（国有林は別）が森林であり、ほとんどは落葉松を植林した人工林である。作業班の仕事は、この落葉松林の手入れで、主に間伐、除伐作業である。はじめの頃、木を切ってしまうことに正直のところとても抵抗を感じていたが、それは山の仕事を知らないことからくる誤解であった。私がいれてもらった仲間は専業農家で、農閑期に山仕事が好きという三十歳代から四十歳代の人たちで、必ずしも生活のために働くという状況でもなかった。四年目ごろメンバーは減り、作業班の責任者になり、組合へいって仕事をとってくる立場となった。森林の保全という事業は息の長い仕事であり、そうとうな労力を費やすわけだが、採算のとれない厳しい現実も聞かされる。昭和初期から三十年頃までは、落葉松がよい収入源になり、村中で植林してきたが、今ではその手入れに必要な財源確保もたいへんだという。森林は荒廃の方向にすすんでいる。

一年を通して山仕事に入る人は、五十歳代以上のベテランであった。何回か新年会に出た。先輩たちは多くを語らない。暖かい表情、ふしくれだった手をみて考えたのは、若い自分たちは山仕事の本当の厳しさ、怖さはとても知らない。でも、この目立たないが遠大な事業にかかわる人たちの労働には、もっと光があてられるべきだということを痛感する。林業の後継者問題は深刻である。

たったの四年間であるが、私は山仕事のなかで新しい時間に出会った気がする。山、自然というのは、私という一人の人間があまりに小さい存在であるということを語っていた。ささいなことでくよくよするなと、暖かい励ましもある。何ごとも計画的に考えすごそうとしてきた自分だが、なるようにしかならないと、おうように考えてみる大切さも知った。

陽が上る前に出かけ、山の端に陽が入る頃には、仕事をやめる。雪が降ってしまえば解けるまで仕事はない。考えてみたらあたりまえの時間のものさしである。また、仕事の単価計算についてだが、この谷からあの尾根まで、一反歩何円で仕事を受けるという契約の仕方もはじめて知る。さらに、十年、二十年と年輪を経たからまつ材を切らせてもらう山への感謝のような感情。山林は、自分の子孫の代々にまでわたる貴重な財産であって、森林の尊厳という存在感にかすかに触れたといえるかもしれない。

ともあれ私にとっては冬の間の貴重な経済的収入であった。また、仲間との出会いのなかで得たものも多い。チェンソーを使えるようになったおかげで、自宅に薪を運んでストーブをいれることができた。薪の用意はひと仕事だが、暖かさは格別である。

この四年間、農繁期はみやま共同保育所、その夜は学習教室、農閑期の昼間は森林組合の山仕事、夜は学習教室、小規模ながら光江がやる野菜作りにもかかわった。

貧しき多角経営だといって、自分を励ました。それにしてもせめて二つくらいの仕事で生活できないものかとため息の日々であった。

Ⅲ章　子どものことばに学ぶ

1——子どものなかに、村の暮らしをみる

保育者や父母が、一人ひとりの子どもたちと人間らしい関係を築いていくこと、そこに乳幼児保育の原点がある。お互いの心を通いあわせること、人間対人間の豊かな感情の交流をすすめることが保育の営みであり、そこに保育者としての生きがいをみいだすことができる。子どもたちをまん中において、保育者と子ども、保育者と父母、保育者同士、父母同士で共感できるそんな出会いをつくりだしていきたい。保育園で出会ったたくさんの子どもたち、ことば、表情、しぐさなどをとらえるアンテナを広げていきたいと考えている。

私が意識して子どものことばを記録するようになったのは、保育者になって二年目、かわにしともこさんとのことがあってからだ。

二歳児の十八人くらいを先輩とともに三人で受けもっていた。お昼寝が終わるころ、「こんどうせんせい、はなあ」という。担任である私は、背をむけたまま父母への連絡帳を書きながら「はななら、ひとりでかみなさい」と応える。ところが、「せんせい、はな」と何回もくりかえす。私はちょっとあきれながら背をむけたままで「ともこさん、ひとりでかみな

さい」といってたら、彼女はしだいにおこりだし、泣き声に変わる。「そんなに甘えて赤ちゃんみたいだねえ」といいながら、とも子さんのほうを振り向くと、彼女は菊の花をもって立っていた。保育者としてあってはならない姿勢を二歳の彼女に指摘された出来事として忘れられない。子どもの気持ち、訴えをまず受けとめてあげることの大切さを教えられ、それ以来、子どものことばを記録するようになっていった。子どもの側から保育をとらえることは、継続して持ち続けなくてはならない保育の姿勢だと考えている。

保育とは何か、それを大上段にかざすのは勇気がいるが、子どもから父母の生活、暮らし、地域の仕事をみれるようになることではないかと思う。

かよさんという、小料理屋さんの娘さんを受けもったことがある。五歳児で翌春に入学を控えているので、個別懇談をもった。個々に保育園に来ていただいて、短時間、子どものことをお母さんと担任とで話し合うことにした。十一月末から十二月にかけて、都合の良い時間に○印をしてほしいとはり紙を掲示した。勤めの人は夕方五時、五時三十分、六時、自営業の人は、日中の一時半、二時といった時間設定である。ところがかよさんのお宅だけなかなか○印がない。すでに十二月も残り数日となっていた。そんなある日、子どもたちは、クリスマスに届いたプレゼントのことでもちきりとなっていた。そのときの彼女のことばは決して忘れない。

「かよんちなんか、ざしきがいそがしくって、サンタどころじゃないよ」

私は、はっとさせられた。個別懇談の設定ができないで、しびれをきらせていたので、その日、保育を終えてすぐに自宅までおじゃました。すると御主人もいて、「まあ、先生座って聞いてくれえ」と話がはじまった。十二月の小料理屋さんの生活をつぶさに聞いた。夕方、子どもを園からつれて帰ると、お母さんもお父さんとともにお客さんを迎える準備である。子どもと一緒に夕御飯なんてまず、ないという。子どもは用意された御飯を食べて自分達で過ごし、寝てしまう。店は九時、十時には二次会のお客も加わり、まだにぎやかだ。そして、お客がすべて帰り、片付けをすませると午前一時だ。ようやく寝るが、すぐ四時には起き、市場へ魚の仕入れにいく。七時すぎには戻って子どもたちを起こして保育園につれていき、家に帰る。午前中、洗濯掃除をして、なんとか食事をすませる。お昼から三時ころまでが、寝てしまう時間だという。担任である私が設定した、自営業の人たちの懇談の時間は、かよさんのご両親にとっては、わずかに横になれる時間だった。暮れの忙しいこの時期、かよさんは三歳の妹の面倒をみながら、自分達のことをこなしていた。「年が明けてひまができれば、みんなであそびにいくですよ」とお母さんがいった。小料理屋の暮らしをかよさんも支えていることを知る。五歳児クラスでの世話好きの彼女のやさしさは、この家庭のなかではぐくまれてきた。

おじちゃん　くさとりしようよう
(こんな暑い日にやだなあ)
しようよう
こうせいのおばあちゃん　しょいこ
おばあちゃん　かま

こうせい（三歳三ヵ月）

いるだけで、汗も落ちる日であった。ウサギに与える草を少しむしって、涼しいところへ移動しようとしたら、こうせい君はどうしてもおばあちゃんがしているように、鎌と背負子《しょいこ》を用意しないと気がすまない。背負子にあふれるほど草を刈り、二人で小屋の前に運んだ。それでも彼は納得しない。「もっとやろうよう」と要求する。私も彼も汗だくだ。きょうはいったいどうなっているんだ。まるで、三歳の息子にこきつかわれているようだ。夕方、そんな彼の働きぶりを父親に話した。干ばつで畑に水をやっているとき、よくこうせい君にスプリンクラーの見張り番をさせて、自分は畔で寝てしまうという。水の出が悪かったりすると、寝ている父親を起こしたりしていたらしい。毎日のようにお迎えでお父さんの大型キャビンに乗るせいか、「シバウラ、フォード」などの車種の名前もよくでてくる、頼もしい息子である。春先の家庭訪問のとき「先生、おらっちの子に英語教えてくんねえかい」といわれ、いささか驚いた。でもよく聞いてみると、これからの時代、国際感覚を身につけてほしいとお父さんがいう。学生時代に出会った外国人学生が母国語を大事にしながら、複数の言語を身につけている姿をみて感じたことだという。なるほど。でもまだ、二歳だ。日本語が先かなあ、という話で終わった。

おくさん　おくさん
こんどうせんせい　シャンプウ　するう?
チョキチョキするよう
コーヒーどうぞ

こうや（三歳）

月に一度はお世話になる村の床屋さん。“ひょい”と彼を肩車したら、両手で私の頭をかきまぜながら話しかける。楽しいおしゃべりは、おじいちゃんやお父さんゆずりなのだろう。家中みんなで営む床屋さんの雰囲気だ。そろそろ切ってもらいにいかなくては……。

保育所の近くにお墓がいくつかある。散歩のとき、たちよっては手をあわせている。

あんこまんじゅう　はべようねえ(食べようね)
せんこいしのとこ　たべようねえ
こうせい（三歳三ヵ月）／こう（三歳三ヵ月）

こうせい君とこう君は数日前、お墓でお供えのおまんじゅうをみつけたらしい。朝から興奮している。「おじちゃんもいこうよう」といわれて、一緒にいってみた。ところがおまんじゅうはなくなっていた。「あんこまんじゅうないよう」「おじちゃん、あんこまんじゅうないね」と何回も言い続けて戻ってきた。農繁期の親たちは、八月のお墓参りとお盆のときしか休めない。実家にはたくさんのお客さんがくる。仏壇にお線香をあげ、てんぷらやおまんじゅうが供えられる。おじいちゃんがわらで舟をつくり、ナスでつくった馬などがのせてある。それを川へ流して送る。お盆の数日、子どもたちも花火を楽しむことができる。

平沢保育園の近くには、酪農を営む農家もある。子どもたちは散歩で畜舎をのぞく。また、牛を飼うようすは私などより詳しいことはもちろんだ。

せんせい　ぼくじょうのうしねえ
うんとくさくってねえ

はらがでかくなってねえ
いっぱいあかちゃん　うむ
そしてね
とあけたらね　あそぶんだあ
かわいいよ

あさうまれたのに　すぐしんじゃった
ふたごなのに　ひとりしんじゃった
こんぼう(子牛のこと)　かわいそうなんだよう

さやか（四歳）

さあちゃんは、朝登園するとこんな報告をする。酪農も課題が多く、保育園のある地域では十数軒に減ってきているようだ。

野菜農家は兼業も含めて多くの人たちが、レタス、白菜、キャベツなどをつくっている。平沢地域は南に面していて、野辺山地域や川上村と比べると暖かい。農家の規模は兼業農家が主で、比較的小規模である。保育園の子どもたちと過ごしていて思うのは、純真な子たちがおじいちゃん、おばあちゃんとともに育っているということだ。

じーじー

ねえ、じーじー

蝉の泣き声ではない。一歳をすぎたはる君が、私に用件があるときにそういう。白髪まじりの私をそう呼ぶのが、彼にとって自然なのかもしれない。「じーではないよ、えんちょうせんせいだよう」などといってみたものの、効果はない。途中から保育園に入ってきたので、まだ慣れない。一歳数カ月の彼をおんぶして寝かせることが、毎日の園長の役目であった。紺色のジャージの上着が私の椅子にかけてある。それを引っ張って「じー、じー」と探し歩く。眠くてしかたがないとき、「じーじー」。興味のあるものに手をだしたいとき、「じーじー、(いい?)」と許可を求める。きれいな虫を発見したとき、「じーじー、(あった)」活用範囲の広いことばである。保母さんたちの中で、「じーじー、どこにいるの?」などとからかっているので、すっかり定着してしまった。呼ばれる私のほうも、悪い気がしなくなったのも不思議だ。

2——子どもの訴えに心を寄せて、保育を振り返る

保育室の端に机があり、事務用品や本が並んでいる。五歳児二十人を担任していた。毎日、おせっかいな女の子たちがやってくる。「もうせんせいったらあ、まったくう」などといいながら、引き出しをあけて、忠告。ゴミが散乱していると、拾っては箱に捨ててくれる。かよさんという五歳児はその代表格であった。

「せんせい、すこしはきれいにしなあ、だからカメがいなくなるんだよう」

家庭からいただいたカメを飼育していた。遠足や運動会と秋の行事が過ぎていく。水槽にいたカメの存在が途中で話題になったこともあった。そんなことはありえないのに、水槽から逃げたんじゃあないかということで、話しは終わった。三月、卒園を迎えるころ、隣りのクラスとの境をとりはらって部屋を広くする。行事をするための空間を確保するのだ。その片付けのとき、ロッカーと戸の間からカメがでてきたのである。「せんせい、カメがおっこっている」と男の子たちが大騒ぎした。カメは無事であった。冬眠していて、暖かいところ

で（ゴミと埃にまみれて）過ごしていたのである。日常、整理整頓に気を配っていればこんなことにはなりようはずがない。かよちゃんたちはこんな私の失敗を見逃さず、ちゃんと胸に刻みこんでいたのである。

せんせい　うんち！
（早くいっておいでよう）
ちがうの　うんち
（えっ？　もらしちゃったの？）
ちがうの　すなばにうんちがあるの
ねこのうんち！

りよこ（四歳十ヵ月）

きちんと聞いていない私である。どうも、失敗の連続である。
自分の保育にはこんなことばかりなのかもしれないと、考えこんでしまった。

きっと　きっと　せんせいがやったんでしょう
（なにがあ）

きっと　きっと　やったんでしょう
あっちゃん　いじめたんでしょう
（いじめないよう）
きっと　やったんだあ
もうせんせいと　あそんでやらないよう

よしあき（三歳三ヵ月）

あっちゃんが泣いているからようすを見にきたのに、泣かせたのは私だという。日常の自分を振り返らねばならないのかもしれない。

まだ眠くならないさやちゃんが布団に入って絵本をみて、私がその横で連絡帳を書いている。「がたん、ごとん、といいました……」大きな声で絵本をみている。

（さあちゃん、静かにみてえ）
きこえないんだもん　さあちゃんが
（みんなが寝ているから、静かにみてね）
きいてないもん　ねてるからあ

さや（三歳）

彼女の声があまりに大きいので注意する。小さい声だと自分が聞こえないし、みんなは寝ているから、聞いてないという反論である。こんなとき、カーッと叱りつけたくもなる。三歳なのになんという理屈やさんだろうか。大声をだしたくなるのをなんとかこらえる。

三人の五歳児の会話。

（近藤先生もお父さんになるんだあ）というと、
ねえ　いつうまれるの？
おとこのこ？　おんなのこ？
じゃあせんせい　ほいくえんやめるの？
だっておとうさんになると　おしごといくんでしょう？
びょういんにつとめてもいいんだよう
（やめないよう、先生は保育園でみんなとあそぶのが仕事だから）
いっさら（すこしも、の意味）このごろ　あそんでくれんじゃん
やきゅうもしてくれんしい

行事などに追われていて、子どもたちと野球、鬼ごっこなど体ごとぶつかるあそび相手となっていないことを、子どもは不満に思い、手厳しく追及してくる。

3——子どもは子どもたちの中で育つ

せんせい　なんでさんかくっていうか　しってる？
（えっどうしてえ）
ほら　いち　にい　さんでしょ
（へーなるほど、よし君すごいねえ）
しかくはねえ　いち　にい　さん　しい　だからしかくっていうんだよう
じゃあ　まるはなんでまるっていうの？（と、まみちゃん）
まるはねえ　えーとねえ　こうなってねえ
もうわかんないの！　まみちゃんはー！
——かんかんにおこるよし君であった。
よしはる（六歳）／まみ（四歳）

おやつを食べているときのやりとり。得意になって指で机に書きながら、三角や四角を説明するよし君に私も感心していた。ところが、まみちゃんの「じゃあ、まるはなんでまるっていうの？」というきわめて素朴な疑問に彼は混乱する。解決しがたい難問をつきつけられた彼の、困った投げやりな表情をみていて愉快な気分であった。異年齢のクラスはこんなところにおもしろさがある。三歳六人、四歳七人、五歳六人の十九人を一人で受け持っていたときのことであった。

ともよさんが、庭にでようとしたとき、黄色と緑の靴を片方ずつはいていた。

だいすけ「だいちゃんのくつない！」
ともよ「どこかなあ」
みお「どこかな」
だいすけ「だいちゃんおくつない！」
ともよ「どこかなあ」
みお「どこかなあ　ないよねえ」
だいすけ（ともよのあしもとを見るが）「ない！」
ともよ「あった　ともちゃんがはいてたよ　はいよ」（とわたす）
「とものくつない！」

じゅり「あるよ、あそこに」（バケツの陰）

ともよが靴を片方ずつはいている。自分の靴ではないが、さてどうなるか、ほおっておくことにした。二、三分のやりとりではあるが、四人の二歳児たちは、自分たちでこの問題を解決した。だいすけがともよの足元を見る。自分の靴をともよがはいていると思ったのかもしれない。でもともよがはいていたので、やはりちがうと考えたのだろうか。一方、だいすけに足もとを見つめられて、自分が靴をまちがえていたことに気がつく。今度は片方のともよの靴がない。そして、このトラブルに関心を払っていないかに見えたじゅりが、ともよの靴はバケツの陰にあることを教える。

保育者である私は、興味本位のいじわるで手をださなかったが、二歳児四人はこんな力があったのかと感心した。

五歳児クラスで野球に取り組んだとき、おさまりそうにないけんかにであう。

さとし「そっちのくみ　つよいひと　いっぱいいる」

つよし「せんせい　さとしくんねえ　おれたちのくみのしゅうじくんに　かるくうてっていうんだよう」

さとし「そっちのくみ　おとこのこが　ななにんもいる」
つよし「かずはおんなじじゃんかあ　ぜんぶの」
さとし「おなじでも　つよさがちがうよう」
つよし「つよさはちがっても　かずはおんなじだよう」

食事の時間がきていても、ふたりのけんかはおさまらなかった。言い負かそうと必死の姿は、見ていてなかなか迫力があるものである。

4——赤ちゃんとの出会いの中で

のり君は生後十ヵ月。目があうと、いやいやと首をふる。こちらもまねして「いやいや」と声をだしてみる。不思議そうな顔をして、また、いやいやをしている。こちらもくりかえす。そして、にこっと笑う。まさ君が歩きはじめた。だっこしてほしいと、手をさしだす。抱くと、指をさして、「あっ、あっ」という。ことばはほとんどないが、楽しいこと、伝えたいことが山ほどあるのだろう。自分の心が洗われるような、みずみずしさがこみあげてくる。彼との出会いは私が保育者になりたての二十代、純粋な感情をもっていたからなのか、お互いに相手なしにはいられないといったらいいのか、それでは恋愛感情に似たことではないか。少なくとも私のほうは、彼の一つ一つの動作、しぐさが忘れられない。

パイない?
おっ、ない?

のりひと(一歳二ヵ月)

「おねがいします」とお母さんにいわれて、泣いたままののりひと君（十ヵ月）をひきとったが、どうしたらよいのかわからない。とりあえずベットの中にいれておくが、私の顔をみては泣く。無理もないことだ。はじめて保育園というところへきて、知らない男が一人そこにいるわけだから。でも泣きたいのはこっちのほうだ。もう次の子がきてしまった。どう相手をしたら泣きやむのか、いつになったら先輩の保母さんはくるのか、不安だらけの保育者一年生であった。

一、二ヵ月たったころであろうか、散歩に一緒にいく。くすぐると、けたけた笑う。重いのり坊を抱き上げると、私の胸元へ手をいれる。「ない、パイない？」と不思議そうな顔をする。おもわず笑い転げた。桃やすもも、果樹園に囲まれた保育園の周囲を赤ちゃんたちと散歩する楽しいひとときであった。夕方、早く仕事を終えて帰ろうとすると、泣きながらのり坊がこっちをみている。ばいばいと手をふると、泣きながら、はだしのまま追いかけてくる。まるまると太った、愛想のよい赤ちゃんであった。

ゆきさんは一歳五ヵ月。指すいが好きで、お母さんもやや気にしている。散歩にでたとき、手を後ろにまわしている私のまねをして歩いている。うしろから見ていて「かわいいねえ、ゆきちゃん」と声をかけたら、恥ずかしいのか、手を組むのをやめて、小走りに走っていった。止まったと思ったら、空に残る月を見ていた。見てほしいと目が語っていた。彼女のこんなしぐさがとてもいとおしく思う。

でも一歳くらいの子の要求をつかむことは難しい面がある。たつのすけ君は一歳二ヵ月。水道のところで、バケツをもち「あっ　あっ」という。当然、水を出す要求だと思い、出してあげると、不満そうに「あっ　あっ」という。では止めるのかなと、小さくすると、泣いておこる。そんなことを何度かくりかえすうちに、もしかしたらと、いっぱいに蛇口をひねると、大声で喜んでいる。

0歳児。ようやく七ヶ月になるこうじ君。近くを歩いて通ると、手足をばたばた動かして笑う。でもそのまま通りすぎると、泣きはじめた。抱いたりあやしたりしてほしいんだなあ、と思う。こうじ君には二歳上の兄さんがいる。兄さんが重病で入院しているなかで、家族、親戚の人たちの協力で、こうじ君は無事生まれた。一人の赤ちゃんがこの世に生まれる。一つひとつちがうドラマをもって。人の命の尊さ、重さを考えると、自分の人間性があまりにもせまく、小さく感じてしまう。

ことばをまだあまり発しない0歳、一歳児たち。この子たちとの出会いは、子どもの気持ちをきくとき、ことば以上に表情、しぐさなどをとらえること、生まれる環境にまで心のアンテナを広くもつことの大事さを教えてくれている。

5――子ども自身の発見、驚き

あそびや活動の高まりのなかで、自分を精一杯表現するときの子どもたちの姿がある。

あっ　ふるとったーだあ　　　　なつき（二歳十ヵ月）
ぼっしゃっしゃーも　いたよう　けいすけ（二歳四ヵ月）

「ふるとったー」は、ヘリコプターのこと、「ぼっしゃっしゃー」は、消防車のことをいっている。まちがっているとしても、きいてくれる人がいると、発見、驚きを楽しそうに表現する。難問をぶつけて困らせることも多い。

おさかな　どこからきたの？
（海からよ）
にんじん　どこからきたの？

（畑からよ）
おはしは　どこからきたの？
（おやまから）
おちゃわん、どこからきたの？
（おじさんがつくったの。もう、まったくう、早く食べなさい）
コップ、どこからきたの？
たけみちゃん　どこからきたの？
（お母さんのおなかからきたの）

夕食のとき、母親と三歳になる子との会話。当初ていねいに答えていた母親も、彼女の質問攻めに閉口してしまい、おちゃわんのあたりから「もう、まったく」とこごとをはさんでいる。でも最後の問いには、やさしく答えていた。

私にとってことばを記録する原点は、子どもと共感しあう保育にある。待つという保育姿勢ともいえる。ことばの記録をしていると、自分の保育のいたらなさをぐさりと刺す訴えにぶつかる。そのたびに自信を失いかけた。それは、自分という人間性の狭さが、子どもとのかかわりで明らかになってしまったということかもしれない。保育者にはむいてないのではないかという悩みでもあった。しかしそれでもなお保育を続けてこれたのは、子どもを通して大人、人間との出会いがあったからである。子どもたちのことば、会話のなかから、両親や家族、生活、暮らしに思いを寄せていくことがどんなに大切かを思う。野菜作りに必死に働く農家の家族、暮れに忙しい自営業者、そのただなかで、子どもが育っていくというあたりまえの事実を教えてくれたのも、子どもたちである。

子どものことばというと、まだ、ことばを充分にもたない乳児などのことをどう考えたらよいのだろうか。一人ひとりの誕生には、それぞれかけがいのないドラマがある。兄姉たちは健常者であるのに、まったく予想もしていなかった先天性の障害をもった子が生まれた両親との出会いがあった。私には、想像もできかねない親としての苦しみに出会いつつも、この家族には心うたれる。小さい赤ちゃんが、要求をもち、志をぶつけ、たしかに育つ。彼のことばはまだはっきりしていないが、無数の願いが、やりたいことが、自分にしてほしくないという友だちへの不満がある。それは、子どものことばだけで表されるのではない。子どもの表情、しぐさなどを把握できるように、しなやかな心のアンテナを持つようにいつもしたい。人と人との感情の交流が保育であるが、保育する大人の側から心の橋渡しをするようにしたい。しかし、それでも子どもの心の世界はとらえがたい。だから魅力もある。

保育とは、子どもの中に、暮らし、地域をみつめること。村の子たち、大人たちとのかかわりで、学んだことである。

Ⅳ章　最初に親と子の暮らしありき

1——園長は赤ちゃんをおんぶして

一九九四年、南牧村にある社会福祉法人平沢保育園に園長として勤めることになった（それ以前一九八四年から四年間、同保育園に保育者として勤めていたことについては、前章で少しふれた）。八ヶ岳山麓にある小さな保育園で、昭和二十八年以来、村の子どもたち、大人達の農業、生活を支えてきた。クリスチャンである創設者とその家族の力で歩みを重ねてきた。私は三人目の園長である。かつて四十五人以上いた保育園児も減少を続け、平成元年から三十人の小規模保育園となった。野菜生産や酪農をみて育つ子どもたちは、今日の子育ての原点、保育の課題を教えてくれる（巻末補筆（二）参照）。

就任して最初に、「どんな考えで保育園をやるべきでしょうか？」と、聞いた。

「近藤君、何もやらなくたっていいんじゃあないの。毎日子どもたちがやってくる、楽しいなあと思って。それでよいのではないか。保護者や村の人が助かるなあということで……」

理事長や前園長はそんなことを言っただけであった。とても意外な感じを受けた。園長の仕事ってわりと楽にやれるのかもしれないと思った。ところが、いざスタートしてみると、園長の職務とは、たいへんな激務であることがわかる。そして六年間は矢のごとく過ぎた。

今思いだすのは、最初に引き受けたときのことである。「何もしなくてよい」「平凡でいい」という意味の深さを感じている自分である。この園長職というチャンスに恵まれたことを心からうれしく感じている。

●修繕の課題が山積み

まず、設備、建物の修繕が毎年の課題である。

ストーブがうまくつかないんですが、床がかたむいていて危険だと思う、トイレのにおいが気になる、水洗にならないかしら、新しいプールがあるといい、鉄棒がほしい、室内の滑り台がぐらぐらしている、たたみが古いので取り替えたほうがいい、防炎性のカーテンに取り替えるようにとの消防署の指示、砂場の道具を新しくしてほしい、食器洗浄器が壊れた、外でお湯が出ると足が洗える、運動会のときワイアレスマイクがあるといい、迎えに来たお父さんが屋根が気になるといってました……等々、新年度の職員会議で出されるどの課題も不必要なものは一つもない。子どもたちは休むことなく成長しているので、どの修繕も早く取り組みたい。近藤園長は「えーと、段階的に、県や村とも相談して……、今年度の予算では……」と誰かの答弁のような対応である。いくつかの業者から見積もりをとってもらう。

やはりとても一度には直せない。国や県の予算申請はそうとう早くから出さないと認められない。国の補助による大規模修繕は適用箇所が限られており、実施は困難である。県の民間保育園への単独補助はあるが、予算に限りがある。しかたない、子どもたち先生たちにお詫びしながら、急ぎ足で段階的に取り組むことにする。

今年はホールの床、来年は洗面所の床、屋根はいつになるのやらわからないが、解決していくと職員へも説明して取り組んできた。

工事には、いろいろな業者の人が出入りする。子どもたちは普段とちがう光景に出会うので、うれしくてたまらない。

「おじちゃん、なんでそここわしちゃうの？」

「この道具でね、直すんだよう」

ある年のこと、村の補助でトイレの水洗化工事が実現することになった。修繕のなかでも最重点課題であったので、とびあがりたいほどうれしかった。

便器をどのようにおくか、三歳未満児はどうするか、三歳以上の幼児の場合、洋式にするか和式にするか、時間をかけて先生たちと相談した。家庭では和式のほうが多いようであった。しかし子どもたちが外出したりしていくところは、洋式も増えている。保育園には大人もいる、父母はもちろんおじいちゃん、おばあちゃんもくる。そんなことから、細かく検討をした。三歳未満児のトイレでは、小さい洋式の便器を一つ、職員大人用の大便器は、洋式で座れるのを一つ、男の子小便器（子ども用）を一つ、あとは移動できるオマルがあるのでそれを使う。三歳以上の幼児のトイレは、男の子小便器を二つ、大便器は洋式を一つ、和式を一つということにした。業者にとっては細かすぎる要求であった。併せて下水道への配管、接続もおこなわれた。

工事期間は比較的長くなり、お茶の時間は、工事の人にも園児たちとともに過ごしてもらったりした。夕方、子どもたちの迎えの時間をこえて、まだ作業していく青年がいた。頼りがいのある技術屋さんであった。いつしか、若い先生とこの青年のあいだに素敵なロマンスが生まれていた。鈍感な園長にもわかった。やがて二人は暖かな祝福を受けて結ばれ、今では一児を育てつつ元気に過ごしている。

トイレ水洗化工事は細かい工事であり、子ども、職員、親にとってどんな環境が大事か、私は園舎を立て替えるほどの資料調べに没頭した。工事は予算内で、専門の方がやるというあたりまえのこともしばし忘れていた。全力投球した修繕であり、この過程で芽生えた暖かい愛とともに思い出に残る出来事であった。

●園長の一日

ところで、ある日中学二年生の娘（当時）から、「お父さん、園長先生って何しているの？

子どもをみる先生はいるんでしょ?」と聞かれて、「つまり、全体をみてるの」「みてるだけえ?」まともには答えられなかった。いったい園長の仕事ってなんだろうか。あまり振り返ることもせず今まできた。この際、考えてみるためにある一日の行動をたどってみる。

朝、夏だったら七時頃家を出る。自宅のある川上村の奥から職場の隣村の南牧村平沢保育園まで約三十キロ、三十五分くらいであろうか。スピード違反? いや、信号が一ヵ所しかないから、あとは広い県道をややスピード出して行くという感じ。でもどこにも寄らないで行くと三十五分だが、実際は違う。始めに遠いほうの役場へ寄り書類を出す。戻りながら、牛乳を取り、頼んでおいた新しいうどんを購入し、保育園に着く。先生や子どもたちにあいさつ、お母さん、お父さんとあいさつ、短い会話。部屋にはいり、なるべくはたきをかけて、ほうきとモップで掃除。さてと、きょうやることは……、考える間もなく電話が入ってきたりする。いろいろなところからきた書類に目を通して、ファイルに綴じる。これも数日間ためると、山のようになってしまう。

はる君という二歳の男の子が途中から保育園に入ってきた。大きな子で、おじいちゃん、おばあちゃんにとてもかわいがられているのであろうか。よく「じい、じい」といって泣いていた。三歳以下の子で途中から仲間に加わった子は、園長がなるべくみるようにした。はる君は、自分でおんぶひもをさがしてきて、私におんぶしてほしいとさしだす。背の高い重そうな子だけど、まあいいか、おんぶしてやるかと、他の先生の手も借りておぶわせてもらう。少しおんぶしているうちに泣きやむ。いびきから、寝息になったようなので、静かに園長室のソファーにおろす。すると、また「じい、じい」と泣いて目をさます。もう一度挑戦。数回くりかえしているうちに、電話が入る。県庁から書類の催促。ああそうだ、忘れていた。「すぐに、ファックスで送ります」と返事。次は玄関で、「こんにちわ」と来客。「まあどうぞお入りください」「園長先生もご苦労ですねえ」「これも仕事のうちだから」といいながら、業者への支払いなどを済ます。まだ、他の先生たちも、掃除やお昼寝をさせている最中なので、そのままおんぶを続行。ようやく彼もぐっすり寝つき、お昼寝の部屋につれていき、布団におろす。このはる君も小学生になった。「おれ、園長先生になるから、どうしたらいいかおせえてください」とやってきた。「うれしいなあ、はる君が大きくなったら交代しようか。いっぱい勉強すること、いっぱいあそぶこと、弱い人にやさしくすること……」真剣なまなざしで聞いていた。

また電話が鳴る。「あらあ、園長先生、お久しぶりですねえ」「はあ？　どちらさまで」「あらあ、○○マンションカンパニイの平井ですよお、お考えいただきましたかあ。格安料金でご購入になれるんですよ」仕事中でそれどころではないと断る。受話器を置くと、すぐ電話。「あのお、職員の方達に夕方、圧力なべの使い方をご案内したいのですがあ」金の購

八ケ岳の裾野の一角にある平沢の集落。この裾野を開墾し野菜の栽培や酪農が今日までも続けられている。
後方の山は南アルプス連山の甲斐駒ヶ岳。

▲園庭から見る八ケ岳。天気の良い日は東の方向に富士山も眺望できる。

5月の園庭。標高の高い保育園の周りでは桜、こぶし、菜の花などが競うように咲き乱れる。(98年5月)

入、ゴルフ会員権の案内、ビデオテープのセット販売……私立保育園の園長というだけで、お金持ちと見られるのか、こうしたたぐいの電話がけっこうある。もちろん園児の教材、先生たちの購入したいものなどもあったりするので、なるべく聞いて不必要なことは丁重にお断りするようにしている。先方も仕事であろうけれども、ご勘弁いただきたい。

「じゃあ電話番が仕事?」と娘。

事務の仕事というのがけっこうある。社会保険事務の手続き、税務署への届け、保育団体への連絡、予算立案と執行、法人理事会の準備、業者への発注、支払い、会計処理、保護者へのお知らせ……机の上でやるだけならばいいのだけれど、社会保険事務所までは車で九十分、税務署まではやはり車で七十分、農協、役場までは車で三十分、県庁の出先機関までは車で七十分、他所へ出かけるときは、なるべくまとめて用件をこなすようにしているが、動きはじめるときりがない。社会保険の仕事で行ったのに、税務署の受付に入ろうとしたときがあった。どうもこれは疲れがたまっているな……でも数十年前の保育園の記録をみると、私の苦労など序の口であることがわかる。清里から小海線に乗って終点の小諸にある社会保険事務所まで行き、手続きをしにいったら書類に不備があってやり直し、戻るともう夕方であったという。また、保育園の認可を申請するときなど、長野市の県庁や霞ヶ関の厚生省まで何度も足を運んだというので、そのエネルギーには言葉もでない。

保育園にいるとやはり目につくのは、各所の修繕である。修繕のことは先にふれたが、実は私がもっとも苦手なのが施設設備の管理、修繕ということなのである。年に何度かお父さん方が保育園にくる機会がある。率直なお父さんが「園長、とよのゴミとっておいたほうがいいよ。この穴あいてると寒いだろう、ふさいでやるかあ」「この棚直すか」「ストーブのガードのネジがとれてる。うちに同じ部品があるから、やってやるよ」すべて「お願いします」。こんなお父さんたちの好意に支えられている保育園はとても幸せである。業者にお願いするほどではない、園舎内の手直しはだいぶ保護者にしていただいている。先生たちもよく気がつく。「掃除機が動かなくなったんです」「コピー機がだめになりました」「炊飯器が……」接触不良なので、コードだけとりかえる、コピー機の中を調べて、小さなゴミをとって無事運転開始。おかげで不器用な私も工具を駆使（?）して直せるようになったことも増えた。「まったくう。何から何まで、よく使えなくなるねえ。とりかえなくていいのは、恋人と先生のご主人ぐらいかなあ」などといって大笑いしたりしているこのごろである。

諸物品の発注でうれしいと思うことがある。それは、子どもたちが「えんちょうせんせい、スイカかってきてえ」「このボールえんちょうせんせいがかってくれたのお、ありがとう」などというときである。砂場の道具を新しくしたとき、ブロックが新しくなったとき、子どもたちの目の輝きはなんともいいがたい。園長室へきて業者のカタログを見つけた子が興奮して仲間をつれてきた。「このほんかしてください」といって持っていってしまった。「このすべりだいがいい、これおもしろそう」騒いでいる声がしている。ゼロのいくつもついた遊具をほしいといってくるのではないかと、はらはらしているときもある。

先生たちと研修に行ったとき、販売コーナーで「あの大型の絵本がいいね」といっている。私は聞こえないふりをしていた。でも、先生たちは、休憩時間になってもまだこだわっていた。やや値段のはるセット絵本だったので、園長にも言いだせなかったのだろうか。もう研修も終わるころ、「予約申し込みしてきていいよ」というと、走っていった。園に戻ったらこの絵本が到着し、子どもたちは吸い寄せられるように見ている。思いきって購入してよかったなあと思った。

保育園には、保母さん、調理の人といる。いくら小規模の保育園であってもその人たちなしに毎日の保育園は進まない。子どもたちとともに幸せをつくりだす大人たちである。この大人たちの輪をつくる仕事も園長の役割だ。かんたんにいえば、人を採用し仕事をしてもらうということ。悲しいかなこの問題では園長は孤独である。園長になるときだけは、理事長からの任命ということであるが、あとは園長は雇用する側である。雇用される側が多いなんてあたりまえのことであり、背負う苦労は覚悟していて当然なのだろう。

しかし書かずにいられないのはなぜだろう。

子どもが増える、これは本当にうれしいこと。しかし保育する大人を確保すること、これはかんたんではない。子どもが減ること、これはとても残念なこと。それにたいへんなことは、保育する大人はそうかんたんには減らせないということ。結論からいうと、子どもはにぎやかなほうがいい。途中から増えたとき、保育がたいへんであるが、園長がおんぶしながらでも、その子をなんとか迎えたい。

総論はこんなことだけれど、毎日のことは少しちがう。A先生は前からの予定でお休み。B先生が近所でお葬式があって来れないと連絡。さてこの時点で、園長の社会保険事務所へいく予定を変更する。一緒に保育をさせてもらう。だっこをしてやったり、寝つくのが遅い子をおんぶしたり、こんな日は、一日がふだんと違う景色ですぎていく。そして子どもがたまらなくいとおしく思える。

2――いつも新しい出会いがある、それが保育園

私が最初に保育の仕事についた山梨のさくらんぼ保育園で受けもった子に、河西ともこさんという子がいた。彼女は卒園し保育園をはなれてからも、毎年欠かさず年賀状や手紙をくれた。十五年ほどたったころ、当時の保護者と一緒に集まろうということになり、山梨県まで出かけていった。彼女は小さいころのおもかげがあり、すぐにわかった。素敵な娘さんになろうとしていた。恥ずかしいのだろう、こんにちわのあいさつをしただけであった。この集まりのあとから、年賀状も手紙もこなくなった。男性保育者なりたての二十六歳の私ではなく、四十歳をすぎているおじさん先生をみて、がっくりしたのだろうか、娘心はわからない。しかし、私の中ではちょっぴりませた、かわいい三歳の娘さんと歌をうたいながら散歩したそのころの情景がはっきりと目に残っている。

野田まさこさんという子がいた。彼女は、おっとりとした目の澄んだ子であった。卒園を間近にしたころ、「せんせい、まさこ、なにになるとおもう?」「知らない、教えて」というと、「いやだよ、あのねえ、いちばんさいごにおしえてあげる、あのねえ、わかれるとき。

やっぱりね、いま、おしえてあげる、あのねえ、ほぼさん」といった。まさこさんの純真なひとみが忘れがたい。

米山しゅうじというはなたらしの男の子がいた。いつもちょこまかとしていて、おやつのおかわりとなると、先を争って走ってくる。きまって鼻水をたらしている。「はなかんできなあ」というと、袖口ではなをこすり、「はやくはやく、おかわりくんで」たとえは悪いが、食糧難で配給に列をつくっている男達をいつも思い出す。男の子たちとの保育は、自分自身の子ども時代を振り返りながらの毎日であった。

二十代半ばに出会った保育園での子どもたちとのかかわりは、保育とは人間的な仕事であり、この世に生まれて数年しかたたない彼や彼女たちから、私たち大人が教えられる営みであるということ、保育の原点としての人間との出会いを気づかせてくれた。

●父母の仕事、地域の暮らしをみんなで知る喜び

二十年ほど前を思い起こしながら、保育園は人との出会いの場所だと気がつくようになった。子どもよりも大人との出会いで感じることも多い。平沢保育園、みやま共同保育所の仕事を通じてかかわった人たちのことを紹介していくことにしたい。

最近のこと、私と年齢が同じ夫婦と出会った。四十歳代後半である。二人は八ヶ岳山麓で暮らし、二十年にもなろうとしている。結婚されてだいぶたってから、朱野《あやの》さんという素敵な子どもさんが生まれて、保育園に預けることでの出会いである。あーちゃんは、「おはようございまーす」という保育園中に聞こえる声でやってくる。さあ、きょうはどんなファッションでやってきたのかなあと、園長室を出て玄関にいく。この親子をみて感じるのは、子どもと一緒の今を楽しんでいるなということだ。

あるとき、保育園との出会いをこんなふうに語ってくれた。ご夫婦にまだ子どもがいないころ、親戚の子を預かりその友達が保育園のある近くにいたので、預かった子を車に乗せてはよく来ていたという。しばらくたってあやのさんが生まれ、保育園に入園するようになったこと、本人も楽しく過ごしていて、毎日が過ぎてゆく、とても偶然には思えない、あやのさんをして両親と保育園との出会いが可能となった。彼女に導かれてのことで、感謝しているという、そんな話であった。子どもがなかだちとなって保育園と保護者が出会う。ふつうのことであるが、我が子をそのようにみている夫婦の話に、久しぶりに心の栄養を得た。

夕方、お母さんが迎えにくると、「おうちかえるのやだよう、えんちょうほいくにしてよう」と大騒ぎになることもある。こんなときのお母さんの対応もなるほどと感じさせることがある。「もうちょっと、あそんでてもいいですかあ」と職員に声をかけてから、「ああちゃん、好きなだけあそんでいていいよ」といってあげる。本人は途中だったブロックの所へいく。子どもから延長保育にしてと「申し込み」があったのもはじめてだが、私も「まあお母さんもご苦労さまですね、ストーブにでもあたって中でお待ちください」とつきあってようすをみている。ほどなく「好きなだけのあそび」が終わり、親子で帰っていった。毎日のなかで「もう、まったくー」という苦労や嘆きもあるだろうが、子どもを育てている今を、やや余裕をもって楽しんでいる夫婦なのではないかと教えられる。

さまざまな親、人とのかかわりのなかで、私自身の親に対する見方も変化してきた。どのお父さん、お母さんであれ、懸命に働き、子どもを育てている。我が子をいとおしいととらえ、毎日毎日を重ねている。そのようにみていくことは、努力のいることであり、ときによってつらいことでもある。どうして保育園の立場もわかってくれないのかと、嘆きたくなることもある。でも、いつも新しい人との出会いの連続だと考えるようになった。それは何も、保育園が常に我慢し、無条件に親の立場を肯定することとも違う。

だいぶ前のことだが、四歳になるよし君が私の部屋で泣いている。風邪をこじらせてぐあいも悪いのだ。「ぼく、てんてき（点滴）なんかきらいだもん、びょういんなんかいやだもん、えんちょうせんせい、おかあさんにそういってよう……」「お母さん、きょうは早く迎えにこれるって」とよし君に伝えながら、私はつい涙ぐんでしまった。お母さんはフルタイムの仕事を続けながらよし君と弟のしん君を育てている。

病気になったときが一番たいへんである。お母さんが早退できるときはいいけれど、水ぼうそうなどになると有給休暇は使い果たし、次に熱を出したりすると困り果ててしまう。手助けできる関係が周りにないということがわかった。はじめのうち、熱のある子はみれませんとだけ伝えたこともあったが、それでは解決しない。お母さんとすれば週末までなんとかもたせようと必死の思い。点滴をうち、解熱剤をいれて連れて来ていたこともあった。それはよいことではないが、母親としてはそうせざるをえなかった。その気持ちをわかってやろうと話し合った。

やがて元気にやってくるようになり、親子遠足での楽しい母子の表情をみて、心から、たいへんだけど応援しているよ、とのメッセージを送りつづけることにした。そして、今後のことも考えて緊急のときに頼める人を保育園でも探すことにした。

あきこさん（五歳）は、農家の子で四人目の末っ子。農繁期になると両親は暗いうちから畑へ出て、帰りも遅い。家がわりと近いので朝は一人で保育園に来たりする。困ったのは、迎えに来ないことであった。電話しても誰もいない。兄、姉たちとは年齢が離れているので保育園が終わる頃はまだ家に戻っていない。基本的なことができていないというのは困ると、職員会議で意見も出る。何日も続いたとき、夜あきこさんの家を訪ねた。畑が遠いこと、お母さんが運転免許をもっていないので、お父さんも仕事が終わらないと帰れないということがようやくわかった。いろいろと話し合い、すぐ上のお姉さんが学校から帰って留守番をしているときに保育園が家まで送ることにした。

ひろ君（四歳）の家もやはり農家。朝、保育園にこないで畑に一緒にいってしまう。親といっているんなら、それも楽しくていいのかもしれないと思ったりしていた。でも、足の不自由なおばあちゃんと留守番していたとき、朝、どこへいったかわからなくなってしまったことがあった。これはなんとかしなければならないと思い、お母さんと相談した。ひろ君の家も朝暗いうちに畑にでかけてしまう。とても保育園の開いている時間ではない。けっきょく、おばあちゃんと留守番している時間に、早番の先生が迎えに寄ることで朝の生活が始まった。

父母の仕事や毎日の生活を知ることは、ときとして気持ちが重くなることもある。でも、子どもたちのおかれている現実、親の懸命に働いている姿を具体的に知り、職員で考え合うと、案外解決方法もみつかる。夕方、お母さんお父さんおじいちゃんおばあちゃんと帰っていく子どもたち、送りながら園であったことを手短かに伝える先生たち、私はこのひとときが好きだ。幸せだなあと感じる。だから、この仕事をやめられないのかもしれない。子どもたちを通して、親の仕事、地域の暮らしに想いを寄せること、これが保育の基本だと考えている。

七、八年前に出会ったある二十代のお母さん、朝くるとき、まるで荷物を置くようにしてななちゃん(二歳)を預けていく。連絡したいこと、聞きたいことがあるのにさっさといってしまう。連絡帳はと開いてみて、びっくり。お店の注文か何かの走り書きがあり、子どものことは何も書いてない。でも、このお母さんにはできた旦那さんがいる。スーパーの店長で、ピンクのエプロンに長靴のスタイルでやってきたりする。「おりこうにしてたかあ、先生のいうことをきいてたかあ、お友達いじめなかったかあ」そんなことをいいながら、ななちゃんの服装を直している。私に「先生、けさ微熱があったんですが大丈夫でしたか?」「着替えの服はたりてますか?」など、こまめに聞いてくる。やはり、二十代の愛すべき夫婦だなと思いなおす。このお父さんは、今三十代になっている。子どもは小学四年生を頭に六人いる。お父さんは、深夜まで休みなく働く。最近、店も大きくした。先日出会ったとき、「子だくさんだね」とあいさつすると、「先生、うちの一番下のちびはお世話になっているんだっけえ」というので、「こまったとうちゃんだあ」と笑った。六人もいれば、保育園に誰がいっているのか、学校の授業参観はいつなのか、忘れてしまうのかもしれない。今はもっぱらお母さんとおばあちゃんが六人を育てている。たいした家族だと感心する。

園長からみて保護者の方にお願いしたいことも少なくない。でも逆に、父母のみなさんに支えられていると実感することのほうが多い。このお母さんは保育園に協力的だ、あのお父さんは子どものことにもっと手をだすべきだ、そうした見方ではおさまりきれない、実に個性豊かな大人たちとの出会いがある。新しい人との出会いの場所、それが保育園だと思っている。

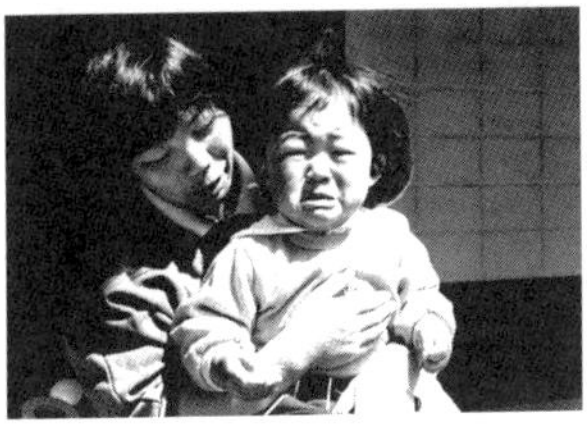

みやま共同保育所の園長をやっている光江から、ある時からこんな相談を受けたことがあった。はじめての子どもさんを預けている若いお母さんで、仕事にいっている間子どもの姿を見れないので、一日一枚写真をとってほしいとインスタントカメラをもってきた。担任のひろみ先生は、そのくらいならと引き受けて、毎日、「はい、まさちゃん、きょうのぶんとるよ」フイルムをとり終わると新しいカメラと交換される。ここまではよしとして、まもなく一歳のお誕生日になるというとき、「子どもたちみんなの分のケーキを届けますから、うちの子を主人公にしてお誕生会をやってください」と頼まれた。さて、どうしたものか、という相談であった。当時はみやまは農繁期の季節保育であり、途中でやめる子も多いので、全員のお誕生会はやってないという。だから、断わろうと思うのだが、あまりに自分勝手のような気がして、一言きつくいってやろうと思っているんだ、という。私は、そのお母さんと面識もある。しばらく考えてから、「きつくいうのはやめて、聞いてあげたら」と、きれいごとのようなことしかアドバイスできなかった。

そのお母さんが子どもを預けるとき、午前中は自分の祖父母が、午後は御主人の祖父母が保育園での孫のようすを見学に来た。お父さんは、仕事の途中、配達物がなくても、道を曲って「こんにちわー」とやってくる。「あのう、きょうはないんですが、ちょっとみてもいいですか?」と先生に頼んだという。お父さんは郵便配達員である。家族、親戚中で愛されている子どもなのだと思う。そんな場面を以前に聞いていたから、この相談に対して「お母さんの気持ちを聞いてあげたら」というのが精一杯であった。けっきょく、残念だけどお誕生会はできないことを伝えて、少し話を聞いた程度であったという。担任のひろみ先生は、どんな気持ちでいるのだろうか。彼女は、お母さんが初めて子どもを預けることになった経過をよく承知していた。出産後、職場に復帰すると元の事務職ではなく、本人の願いとは違う現場の仕事に変わってしまった。それならば、辞めて自分で子どもを育てたいと考えた。でもそれも不可能なこと、しかたなく預けて、新しい職場での苦労がはじまった。仕事へ向かう気持ちがそのようなので、せめて子どもの成長にはもっともっとかかわりたい、でも、保育園に入れなければならない。お母さんは、毎日保育園にくると、「○○ちゃん、うちのまさちゃんとあそんでね、お願いね」と子どもたちに必ず声をかけていくという。写真や誕生会のことを要求するお母さんの心境もわかってくる。それをひろみ先生は聞きながら保育していた。お母さんはある時点では仕事に力が入らないということであるのかもしれない。そんな実情を知り、援助する若いひろみ先生はりっぱだといえる。

たしかに、このお母さんは自分の子どものことしか考えてないといえるかもしれない。でも、私はそのお母さんを納得いくまで説得する自信はない。どんな内容を準備してお母さんに伝えればよいのだろうか。さりとて、こんな親が増えて困ったものだというとらえかたは、実感とちがう。

ひろみ先生や園長の話を聞き、しばらくたってみると、この若いお母さんも新しい人との出会いなんだと、気づくようになった。私がこれまであまり出会っていない雰囲気をもつお母さんだともいえる。このお母さんが、いつか、最初の子に夢中になっていたなあと、自分を振り返るかもしれない。いや、そのままのペースでいくのかもしれない。それはお母さん自身がこれからの子育てを通してつかんでいくことだと思う。

こうした親たちとのさまざまな出会いのなかで、ときには気まずい思いもするし、けんかになることだってある。ただ事情を聞くだけでなく、そこはこうしたほうがよいと、アドバイスしてあげなくてはならないことだってある。そんなときに保育園の園長、職員が味わう感情はけっして単純ではない。腹立たしいと思うお母さんもいる。でも少したつと、同じお母さんから、懸命に家庭を守り子どもを育てる力強さを感じることもある。少したつというのは、時間的経過もあるが、私たち保育者が、悩み迷いながら関係をつくっていこうという積極性をもつということだといえる。新しい人との出会いがあるからこそ、自分や自分たち、保育園をより楽しい場所にしていけるのではないだろうか。

3――職場の人間関係、それは一人ひとりの問題

●今の職員が最高！

新しい人との出会いといっても、職場での人間関係の悩みはそのようにみれない、といわれるかもしれない。これは避けて通れない問題だといえる。やや乱暴な言い方をさせてもらえば、いつもゴタゴタがあっておかしくないのが、職場の人間関係だといえないだろうか。これを考えるとき、園長としての立場と職員の場合とで、検討する事柄が違うような気がする。

園長として日々実感することをそのまま表現してみる。子どものいる職員は、きょうは授業参観、来週は運動会、落ち着いたと思ったら今度は、子どもが熱をだしてしまう。ああもう、若い人のほうがいいなあ。でも、若い職員、身軽なのはいいが、週末あそびすぎたのか月曜日になると休むんだよなあ、困る……といったところである。でも、この職員たちと一緒に仕事をしていかなくては保育園が成り立たない。

かなり失礼な表現をしてしまったが、私はこの職員とつくっている今の職員集団が一番いいと思って仕事をしている。お母さんとして子どもを育てている文子先生がいるから赤ちゃんを安心して預けていく。若い先生に「これも知らないんですかあ」などとからかわれるが、実に楽しく保育している小山先生といたずらの幼児たち。どの職員でも、家庭や生活をもつ。だから、ときには休み、園長を悩ませる。でも同じそのスタッフとともに保育園をつくっていくことが、一番幸せだと感じる。ややおおげさな言い方をすれば、私は今の職員集団、自分の保育園の今の職員集団が他のどこと比べてもよいと考えて、仕事をしている。見学にいった保育園、友人の園長のところの保育園から学ぶことはあっても、職員集団をつくるスタートラインは、やはり自分の職場なのだと思う。また、今のスタッフより去年のほうがよいなどと考えたら、今いる子どもはどうなるのだろうか。毎年、子ども、父母、職員といつも新しい出会いがあり、当然のこととしてさまざまな課題、ときとして難問にも出会う。だからいつも、今が出発点だととらえたい。もちろん、悔やんだり、さぼりたくもなり、ずる休みをしてしまうこともある。でも、今を選択したのは自分だから、前を向いて進むしかない。経営、財政問題など困難は山のようにある。それと立ち向かうとき、最も良き職員に支えられていることを痛感する。

園長としては、自分の保育園が一番大事であり、今のスタッフを誰よりも尊重するという気持ちをもっていくことに努めたいと思う。

●率直に言いあえる勇気

次に職員の側に立って考えてみる。私は今園長なので同時に職員の立場に立つことは困難である。そのうえで、過去の経験にも照らしてみて、こういうことがいえるのでは、という問題提起をしてみたい。

私が担任をしていたときの経験。八人ほどの二歳児を私とやや年輩の先生とで保育したときがあった。その先生は食事のときやおやつのとき、いつも子どもを叱りつける。一番楽しい食事の時間が、泣き声だらけになる。そのとき、私はまだ若かったので、先生が恐くて何も言えなかった。翌年もまた同じ組み合わせ。この二年間はつらかった。でもどうしようもなかった。二年目に思いついたのは、自分は泣いている子を抱いてあげることで支えていこうということであった。それが精一杯の自分の保育であった。今、思いだしてみると、先生は恐かったけど、大きな荷物を運んだりダイナミックな保育をするときは面白い面もあった。でも、そのときはどうしようもなかった。

最近の職員会議のとき、長い間たまっていたものが吹き出すように言い合いとなり、涙をこぼす場面があった。しばらくの沈黙ののち、園長が何かいわないと進まなくなった。私は

「自分の問題だ」といった。職員間でギクシャクするとき、それをたとえば園長が調整する、「あの先生はああいったけど、本当はあなたのことそんなふうに思ってないんだよ」などと間に立つのはごめんだという意味で「自分の問題だ」といったわけである。複数担任の間でのトラブル、幼児クラスと三歳未満児クラスとのいきちがい、あまりないにこしたことはないが、こうしたゴタゴタは、保育園が存在するかぎりあるのではないだろうか。それを解決する妙案があるのなら教えていただきたい。私はやはり、職員は職員としての立場で、ゴタゴタと立ち向かう自分のありかたをさぐっていくしかないと思うのだが。

それと、もうひとつは、率直ということである。若い先生から、園長（私）が批判、注文を受けたことがあった。

園長室は子どもにとって隠れ場所のようなところ。さやま先生におこられたまゆさん(三歳)が、泣きながら園長室へやってきた。私はいつものように、どうしたのといって、ソファーに座らせる。まゆさんはやはり自分にとって都合の悪いことはいわなかった。その日の話し合いで、さやま先生は、たどたどしくも率直に私に注文した。まゆさんをおこっている途中で園長が助け船をだしてしまったことへの批判であった。内容を具体的に聞いて、私は反省の発言をした。こうした問題は、さやま先生の率直な指摘がなくてはわからないことである。そのとき、正直いって必ずしも快い感情ではなかったが、先生の勇気にとても感謝している。

4――保育観の一致ってつまり何？

●保護者に親切であること

保育園は新しい人との出会いの場だといってきた。職場の人間関係では、ゴタゴタはつきものだといった。でも、なるべくならば、お互い心と心がゆきかっていくことのほうが誰でも気持ちよいことはたしかだ。そうあるためには、保育園を支える父母を、保育園の職員集団がどうみていくかということに、鍵があるのではないかと私は思う。

よくいわれる保育観の一致とはどのような内容を意味するのだろう。保育園の存在を支えているより根本的なことといえば、人間としての尊厳とか、あるいは憲法、児童憲章、子どもの権利条約ということにまでなるのかもしれない。でも、もう少し具体的に、保育園の職員の間で一致させることって何だろうか？　研究会で聞いてみたり、保育図書などにもそのことを意識して目を通すのだが、どうもよくわからない。だからあくまでも経験の範囲での私的な考えだが、今、職員間でこれは一致させたいと思うのは、保護者の声をよく聞き、保護者に親切にすること、それと、園児の全員に気持ちを向けること、この二つである。いろいろな打ち合わせ、議論はしていかなくてはならない。でも、この二点をしっかりできるように努めていけば、保育の内容、方法は実に幅広く、楽しく展開していける。表現を変えていえば、特別のことはしなくてよいので、送り迎えにくる保護者、家族には親切にしていこうということである。毎日全員の保護者と会話するのはたいへんだけれど、保育園でみつけた子どものすばらしさ、かわいさを伝えてあげてほしい。保育のなかでは、「あの子このごろ乱暴で……」とみんなで心配すると、不思議とその子が次の日に生きいきとして走りまわったりしている。つまり全員の子どもを家族の構成員のようにみていこう、それさえあれば、保育内容、方法は先生たちの個性が豊かであるほど、わくわくしたものにできるのではないか。

「いつも、帰るとき、小山先生たちが玄関にいて子どもとタッチしたり、ほんとに楽しそう」とお母さんが話してくれる。「あのおじいちゃん、こうくんと同じ顔だよねえ」などといって、わざわざ見にいく先生たち。毎日くりかえされるあたりまえの光景だが、このなかから職員も心がかよいあい、結びつきができていくのではないだろうか。

保育内容、方法をつくりだしてゆくには、努力が必要だ。でも、お互い心がゆきかい、それぞれの持ち味をいかせる関係ができていくとき、楽しい保育が次つぎに生まれてくるのではないだろうか。

●要求の違いを直接話し合う

農繁期の土曜日に午後の保育をしてほしいという声が寄せられた。職員会議では、「子どもがかわいそう。土曜日はお昼寝がないことを楽しみにしている」「週末はやはり親子の接触が大切」「私たちも休みたい」と意見がでた。アンケートに寄せられた意見では、「民宿でもっとも忙しい時期なのでせめて夏だけ、午後の保育をしてほしい」など、切なる声。職員と保護者と話し合いをもった。とくに先生たちには、自分の気持ちをそのまま表明する勇気をもとうと励まして……。当日終わってみて、「先生たち、休みがなかなかとれないんですね」と親が理解してくれる。「土曜日の午後でも、仕事が逆に忙しい人がいるんですね」と先生たちも発見したような言い方であった。土曜日の午後、必要な人を保育園で支えていくことで、お母さんが好い顔をして生活できるとしたら、そのほうがプラスだという職員の考えとなった。もちろん職員も、どこかで休みをとる体制をつくることになった。土曜日の午後の保育、平日の延長保育でも、子どもがとくにかわいそうということは、問題にならなかった。問題は、保育の内容、方法であった。何人かの子どもは「どうして、こんなにはやくむかえにくるの、えんちょうほいくにしてよ、まだあそぶんだからあ」と泣きはじめる子がいるくらいであった。

アンケートだけでなく、直接、話し合いをして本当によかった。保育園での、またお母さんたちの思い違い、思い込みが少しずつ変わっていくのを実感することができた。職員と保護者との間柄も、今までよりさらに仲良くなれたと思う。都市部ではおそらく何年も前からこんなことはできているのだろうけれど、私たちの保育園はゆっくり、迷いつつ、ようやくここまできたというところだと思う。

保育園は、保護者によって支えられている。保育園は地域の暮らしのなかから、仕事に通う保護者の必要性から生まれてきたわけだから、こんなことは当然だといえる。だからいつでも、保育園を支える父母や近所の人の目から見直してよりよい保育園をつくれたらと思う。

●最初に親と子ありき

おもに保育園と保護者の関係について考えてきた。研修会などの議論を聞いていると、対等なはずの両者の関係であったのが、どうも違ってきているのではないかと思うこのごろである。保育園からみた場合、保護者は常に保育園に協力的でなくてはならない。おたよりを出して、張り紙をして、連絡ノートに書いて、帰るときに声をかけて、それでも、持ち物を忘れてしまうお母さんがいたら、保育園では「あのお母さん、ちょっとへんよねえ……」ということになるだろう。それもくりかえされ、ひどくなると、顔も合わせたくなくなったりもする。またこんな見方もよくある。「忙しいのは皆同じ、その中でも○○さんは必死に努力している……なのに、あのお母さんたらあ……」という。正直ものがばかをみるという見方といえるかもしれない。

私は保母さんたちがこのような気持ちになることはよくわかる。お母さん、もう少ししっかりしていただかないと困りますねえと、いいたい。でも、こうした保母さんの親に対する見方を重ねることで、より親密な関係、心が通いあう関係をつくることに向かっていくのだろうか？　保育園と家庭とが協力しあっていくというが、それは保育園が大きな存在としてあり、家庭はそこに我が子をお願いするにあたって、しぶしぶ保育園のいうことを聞かねばならないという間柄になってはいはしないだろうか。お互いの協力関係の中味を、保育園の成り立ちにまでさかのぼってとらえ直したい。

私は、家庭（親）があっての保育園、という見方を深めていきたい。

5——私流園長論

●「さぼる」こと

私立園長の職務とは何かということを考える。職務を遂行するうえでの留意点ということになるかもしれない。

第一にさぼることだといったら叱られるだろうか。でもそのようにいいたい。毎日、毎年、こちらの都合はあまりかまわず、海岸に押し寄せる波のように、仕事が、問題がやってくる。経営、人事、保育内容、設備の修繕、行政、保護者、地域との関係……とても書きつくすことなどできない。仕事の範囲はどこまで、などと表現するのも困難だ。そして波は決して止まらない。大きくなるか、小さいかの違いはあるとしても、確実にかぶさってくる。迎えうつ園長は一人である。もちろん園長一人でなす仕事ばかりではない。職員こそが一番の支えではある。しかしそれにもかかわらず、園長は孤独なのである。このとらえどころのない職務に立ち向かうエネルギーは、どこから得ることができるであろうか。やはり「さぼる」ことだと思う。前線からしばし離れる時間を、空間を、どれだけつくれるかが勝負ではないか。ところが保育園にいなければいないで、さてどうなっているかと心配でたまらなくもなる。非常通報装置が作動して、連絡先の第一が園長の自宅であり、第二が携帯電話であったりするのだから……。

ことほど左様にたいへんな仕事ならば、よせばいいではないかといわれそうである。しかし今のあり方を選んだのも自分なのだ。放り出さずに職務を遂行していくには、「さぼる」ことで心身をいたわり休めるほかない。不思議なことに、しばしの「さぼり」が押し寄せる仕事の波に腕まくりをして、「よし、しかたがない、嫌なことから、片づけることにするか！」という気持ちにさせるのである。職務の第一が「さぼる」ことにあり、などというと不謹慎だと指摘を受けそうであるが、私の実感である。

●責任を自分だけで背負いこまない

次は他人の責任にするということである。言葉を置き換えると、自分だけで責任を背負いこまないということである。経営の責任はもちろん、事故が起きたとき、園長に責任があることはあたりまえのことである。人を選び配置させる責任も園長がもつ。

しかし、そうであればあるほど、私はもっと自分以外のところに責任のありかを見いだそうということをいいたい。十九人しか園児がいなくて、胃の痛む日々を過ごしていたとき、ある職員が「子どものいないのは、園長の責任ではない」といってくれた。この発言にどれほど力を得たであろうか。園児減少は高齢者の福祉とともに今日の社会問題。それまでも自分の責任と考えてしまうのが園長なのである。

責任を他へ転化させて、もっと身軽になりたいというと、無責任園長といわれそうである。真意は、園長が自分で背負い込まずに、子ども、職員、父母、地域の声を身近な行政へ、社会へまとめて伝えていくこと、そこに力を注ぐことで責任を果たすべきだということである。子どもたちにとって最善の環境を用意する責任は、行政や地域社会にこそある。

●保育園の「独自用語」を見直したい

保育園の課題を地域社会に対して説明し、環境を改善していくために、保育園で使われている用語を検討しなおすこと、わかりやすく伝えることが必要だ。ある日の、A保育園での先生たちの会話として聞いてほしい。

「みまんさんと、ぜろひとりがいるからたいへんなのよ、にどねで、じきゅうもとれないの、ならしがおわると、でいりいがぱたーんかしてさ、たんちょうになって、ぐるーぷほいくもいいけど、Bせんせいがやすみのときなんか、Bぐるーぷのこがないて、けんおんもできないわ、いじょうじは、いっせいほいくでいいわよねえ、ごすいのとき、のーとかきだけやればいいんでしょ」

「そんなことないわよお、ねんしょうにひとりしょうがいじがはいっているでしょ、せっていほいくがたいへん、それにとなりのAせんせいがやすむと、こんごうになるしさあ、じゅんはやからおそはやまでわたしやったんだからあ、おきゅうしょくのときなんか、たいへんよお、しゅしょくをわすれてくるうちがきまっててさあ、ごすいのときだってようじぶろっくで、ぎょうじけんとうでさあ、もちかえりだっておおいんだからあ、ひとりでげつあん、しゅうあん、たててさあ、みまんさんたちもようじやってみたらあ……」

ひらがなばかりで、失礼。この会話は、保育園に勤めている人、その経験がある方なら、ほとんどわかる。しかし、保護者やこれから保護者になろうとする人にとっては、保育園の専門用語はわからないことが多い。あるお父さんは、未熟児を保育園でみているんですかあ？　と心配そうに質問してきた。いやあそうではなく、三歳未満の子のことを未満児とよんでいるんだと説明した。また、以上児という言葉も、異常のある子とみている人もいる。慣らし保育ということもわかりにくいというか、問題になる。保護者としては新年度の初日から自分も責任をもって仕事している立場として、フルタイムで預けたいという方にも出会う。そうしたときには、支えてあげたい。また、前年度も在籍している子まで、慣らし保育を適用していつまでも半日で帰らせたりしている保育園も珍しくない。保育者側の都合として、保育の準備が必要ということはもちろんだ。ならば、いつまでは保育の準備のために保育時間が短くなると理由をはっきりさせたほうがよい。

「園長先生、延長保育って園長先生が保育することだと思っていたら違うんですねえ」とあるお母さん。まとをついている誤解であり、愉快だった。

育児休業があけてから勤めはじめたお母さん、迎えが一番遅くなってしまうので、園長が保育することもよくある。この女の子は男性が苦手とみえて、先に帰る先生たちの後を追って泣いた。迎えにきたとき、泣いている我が子をみるのはお母さんとしてもつらいにきまっている。そんなことが続くと申し訳ないので、昼間その子のところへいき保育させてもらい、なんとか一緒に過ごせるようになっていった。遅くなる子はたいてい一人か二人である。仕事を終えて必死に迎えに来る。冬の夜など暗いので、保育園中電気をつけて迎えようと心がけた。延長の当番をする若い保母さんにも、お母さんが寂しい思いをするにちがいないから、そのように暖かく迎えてあげてほしいと、細かいことに口をだす私であった。

園長保育、いや延長保育をすることで、保護者が助かることはもちろん、子どもが安心して迎えを待つ。職員も支えることに喜びを見いだせるようになりたい。お互いの話し合いで知る保護者、保育園の立場、お金も必要、保育者の休みもほしい、課題はつきないが大事な仕事。

希望保育ということばもわかりにくい。「小学校が休みになる第二第四土曜日は、希望保育でお願いします」——保育を必要とする人は、希望してほしいという意味である。希望保育により、いつもより出席する園児が減ると、先生たちも交代で休むことができる。ところが、希望をだす人が一人や二人だったりすると、申し込みをとりさげてほしいという保育園もあるそうだ。したがって希望保育という言葉の意味は、保育園が保護者に対して、なるべく休んでほしい、保育を申し込まないように希望するということのようだ。それならば、はじめからその日は保育園は休園ですというほうがわかりやすい。ところが、休園日数を減らすようにというのが行政の指導らしく、希望保育ということにして保育日数(保育をしているとする日数)に加えているのが実情である。

園長の職務は、子ども、父母、職員の声を地域社会にわかりやすく説明していくことだ。そして、地域や行政の力で子どもにとっての最善の環境が用意されていく。

園長は職場では、スタッフ、園児、父母の諸事情につねに精通していなくてはならない。そして、アクシデントがあれば、すぐに判断し、自分の予定を変更し対処する。ないにこしたことはないが、事故やケガ、設備のトラブルなどへの対策は最優先の課題になる。そして、子ども、大人にかかわる社会問題、自然科学、文化にも関心を持ちたい。園長職は会社組織でいうと、総務、経理、人事、営業などの部長職をすべて一人でこなすようなものだ。そんなことは容易にできることではない。

おおげさになってしまったが、私立保育園園長として善意に仕事に向かおうとしている人は、こうした感情を抱きたくなるときがあるのではないだろうか。だから、園長の職務を遂行する留意点は、第一にさぼること、第二に他人の責任にすることだといいたい。自分自身で心身のコントロールができていくとき、村の人たちの声を聞き、村をつくる仕事の尊さをかみしめ前へ進もうとするのである。

Ⅴ章　村をつくる保育園に夢を抱いて

1──保育園がやってきた、動物園もやってきた

ももちゃんは三歳児。いくつかの事情もあったのか、保育園を休みがちであった。そんなある日、「ももちゃん、どうしたのお?」と先生に聞いている子の言葉が耳にはいってきた。そのあと、「ももちゃんの家のほうへお散歩へ行ってきまーす」と小山先生の声。ももちゃんがこのごろ休んでいるので、どうしたのか行ってみるか、ということになったらしい。私は、どうせそっちのほうまで少し散歩に行ってくるということだろうと、さして気にもとめずに書類提出や計算に追われていた。あとから保育園に登園して来る子をももちゃんの家のほうに向かう峠方面に私が乗せていくことを頼まれていた。しばらくしてその子が来たので、車で追いかけた。すでに子どもたちは平沢峠に向かって歩いていた。保育園から峠までは自動車道路をひたすら上るだけである。追いついて驚いたのは、子どもたちとの話しのなかで本当にももちゃんの家へ行くことになったということだ。子どもたちはすでに一時間以上歩いていた。峠からその先、野辺山《のべやま》にあるももちゃんの家までは、やはり歩けば一時間以上である。まあ、よくも、思い切ったもんだと、いささかあきれながら子どもたちを車でピスト

ン輸送した。もちろん、ももちゃんの家には何もいってない。さて、ついてみると、「こんにちわ」といいながら、次つぎとももちゃんの家に入っていく。やがて彼女もでてきて、すぐ前の小さな公園であそぶ。走り回ったり、草の上で寝転んだり、峠近くまで歩いていたどこにそんなエネルギーがあるのか……。雑木林があり、ひきガエルがいる。私もその中に入ってあそんでいると、「帰るよー、お昼を食べにいくよー、おなかすいたから帰るようー」と小山先生の声。何度も声をかけて、ようやく子どもたちが集まる。お母さんにお騒がせをしたあいさつをして、帰りも車のピストン輸送となる。ところが、みんなが帰る段になって、ももちゃんは「ほいくえんにいくー」といいだした。こうしてももちゃんは、みんなと一緒に車に乗り、保育園にきて食事をした。

きょうの散歩は、小山先生は、彼女が来ても来なくてもよいと思っていたそうだが、子どもの発案で、保育園が家にやってきたという、どこかゆかいな、不思議な気持ちであった。

夏になると、保育園の近くの清里に、関西から移動動物園がやってくる。「ほりい動物園」といって、大きなトラックにいろいろな動物を乗せて、敷地内でみせてくれるのである。先生たちは「今年もいきたいんですけどお」という。三回目で平沢保育園も常連のお客さんになった。八月下旬にいった。下見にいったときの気がかりは、大型の動物も増えて、子どもたち、そして先生たちも怖がるのではないかということであった。春先、勤めて間もない井出和加子先生は、「キャーッたすけてー」と毛虫をもつ子どもたちに追いかけられていたからである。

幼児クラスを二組に分けて先発隊が出発。長靴をはき、傘をもち、車で十五分ほどで到着。入り口のお姉さんにあいさつして中に入る。今にも降り出しそうな空。お客は平沢保育園のみ。

「ねえ、なんでこれなかへはいっていて、うごかないの?」「こいつしんでんじゃあないの?」とあらっぽくたたいてみる子。のっそりと動いて「わーっこわーい」石のようなカメが並んでいたのだ。お姉さんが餌を少し持たせてくれる。そこへヤギが小走りにやってくる。「きゃーこわーい」「だいじょうぶだよう、あれはガラガラドンだからあ」と小山先生が守ってくれる。固く手を握って離さない数人の子。すすんでいくと、キリンが長い首をさげてきて餌をもらう。大人でも恐いのは、ヤク。チベット産の野牛で、牛のような角を広げ、大きな巨体が放し飼いとなっている。子どもたちはイノシシといっていた。プレハブに重なって寝そべっているワニは、グロテスクである。十匹以上いるのではないか。ペットとして飼っていた人から寄付されたという説明であった。他にカバ、ダチョウ、ゴリラ、テナガザル、ペリカンと数えきれない種類の動物。帰りに「先生、何か貸しときましょか?」と堀井さん(動物園長)がいうので、支障のなさそうな大きいカメを三匹借りてきた。

食事のあと後発隊がいくのだが、食事中の会話がおもしろい。「いのしし(ヤクのこと)

いなかったあ？　えんちょうせんせい」というので、「さてどうだったかなあ」としらばっくれていると、「えんちょうせんせい、いないっていってよう」と真剣そのもの。いつも、年長の大きい子にやられているためか、四歳児のだいちゃんが「イノシシいたよう、おっかねえぞう、いかねえほうがいいぞう」「でもじっとたっていればだいじょうぶ」とにかく時間になったので出発。「イノシシ」をこわがっている彼も、とにかく乗り込んだ。到着と同時にどしゃぶりである。しかし子どもたちは、入るつもりで傘をさしはじめる。テントがあり、オウムやフクロウがいる。やはりお客さんはわれわれだけであった。オウムを相手に「こんにちわ」「こんにちわ」と首をふって真似をしている。やがて雨もやみ、池からカバもあがってきた。恐いからと入り口から一歩も中に入らない数人がいる。お姉さんが話相手になったり、よくめんどうをみてくれている。そのうち、「おれこっちがいい」「こんどあかいやつ」「しろいのにしてえ」と何をしていると思ったら、ケースからヘビをだしてもらって首にまいていたのだ。

「やってみますかあ、園長先生？」とんでもない、ヘビはごめんである。

堀井さんの移動動物園のことは、本になっている（『動物園出前しまーす』国土社、川内松男著）。彼は子どものころからお小遣いを動物の購入にあて、ついには、それが本業となってしまったという。しばし、コーヒーを飲みながら雑談したときのこと、「あきませんわあ、このお天気じゃあ、もうかりません」「あきませんわあ、女房に逃げられますわあ」留守を預かる奥さんが、動物たちの面倒や子どもさんの面倒もみているわけである。三十歳台の後半を迎えている彼。夢のみでは食べてはいけないが、ロマンのある人生に、どこか親しみがわいてくる。

●子どもも大人も一緒に生活を楽しむ

十二月、今年こそ大きいスキー場にソリ滑りにいきたい。保育園の周囲には三つのスキー場がある。和加子先生にせがまれて、さっそくスキー場に電話。「まだ、雪ができておりません」とのこと。

けっきょく十二月はあきらめて、一月末にいくことになった。川上村にあるザイラーバレースキー場のちびっ子ゲレンデへ出発。平日のためか、平沢保育園専用である。ころげまわるようにしてあそぶ。保育園のすぐ横であそぶのも楽しいが、大きいところなのでスリル満点。戻ってから和加子先生、「またいきましょう。今度、野辺山スキー場ですよねえ」まるで、自分が楽しむ感覚である。「あなたは引率なんだよ、まったくう。まあいいか、いくことにするかあ」二月中旬、保護者がインストラクターをしている野辺山のスキー場へ出発。ここもソリ滑りのお客はいない。長いコースを汗がでるまであそぶ。ソリ滑りコースに飽きた子は、山へソリをもって腰まで雪に埋もれてよじ登る。遠くまでバラバラにあそぶ子たちに、はじめは気をひきしめて見ていた私も、子どもたちに誘われるままに、数えきれないほど一緒に乗り、ソリ滑りコースを満喫した。帰ってきて、「もうひとつ清里スキー場にもいってみようかあ」といいだしたのは私であった。三月、卒園を控えているから忙しい。でもだからこそ楽しい思い出をということで、実現した。

玄関に置いてある注文用の写真。「園長先生が一番楽しんでいる」と園長の注文欄に枚数が記入されていた。三回のソリ滑り実現は、本当は園長が楽しんだからだと、お母さんたちに見破られてしまった。

やはり冬のこと、長野オリンピックの聖火リレーが南牧村を通過するというニュースを十二月の内に先生たちが聞いてきて、興奮している。つまり、保育園の子をつれて見にいくつもりになっているのだ。「こんなことめったにないよねえ」「オリンピックは四年に一度、南牧村に聖火リレーが通るなんて、もうないかもしれない」などと、暮れのひととき先生たちがもりあがっている。要するに、園長が段取りをとれということである。さっそく、教育委員会に問い合わせ、スケジュールを聞き、幼児も三歳未満児も全員がいくことにする。保護者で民宿をしているお宅に相談して、待っている間、終わってから御飯を食べる場所、暖まる所までもお願いしてしまい、全員で出発。聖火リレーは一分もかからず子どもたちの目の前を過ぎた。でも、思いついた夢が、いろいろな人の力添えでできたことがうれしい。

▲近場のスキー場めぐりをしながら子どもたちと楽しく遊ぶ。　(99年2月)
▼共に平沢保育園をを支えてくれる仲間達。　(98年12月)

町の動物園が山奥まで移動してきたように、保育園が休んでいる子の家へ、こんにちわとあいさつにいったり、範囲を限定しないで楽しいあそびのチャンスをつくっていけばいい。

そう考えさせてくれるのは、「園長先生～～したいんですけどお……」という遠慮がちな申し出のなかにも、いつも子どもたちの気持ちに共感し、子どもたちの味方になっている小山先生、和加子先生たちの存在があるからなのである

2——たんぽぽの丘、どんぐり山、飯盛山

保育園の子たち、というより先生たちは散歩が好きである。和加子先生が「今日、園長先生忙しいですかあ?」(それ、きた!)「いいよ、行くかな」ということになる。内心、何かやることいっぱいあったのだが……と思う。実務の山、経理、修繕の打ち合わせもあるのに、まあいいか。でも、不思議と散歩に行ってくると楽しくてたまらない。

平沢部落の入り口に大きな牧場がある。子どもたちがそこまでたどりつくのは、まことにのんびりである。いぬふぐりが咲いていれば座りこむ。道を横切るありをみて、「どろぼうありだあ」「ねえ、えんちょうせんせい、けいさつありっているの?」「ぼく、じどうはんばいきです。のだがかわいてるひと、百十えんですう」そこへ次つぎとお客が並ぶ。私も年をとったということか、辛抱強く待てる。ようやく牧場へ到着。牛もいる、黄色く広がるたんぽぽをみて子どもたちは走り出す。

八ヶ岳の主峰赤岳が白い雪を残してそびえている。私はそこへ横になって耳をすましたり、写真をとったりしている。子どもたちは走りながら、たんぽぽを摘み、綿毛をみつけて、ふ

たりで「ふーふー」と飛ばしている。石を拾い、「おい、これきれい、かっちょいい」と帽子の中に山盛りに石をつめている。どんどん登る。牛はまだ移動しない。平沢部落を一望できるところまできた。園児たちが点々としてみえる。帰りもころげまわるようにして降りていく子。自分だって登りたかったと、山の斜面でめそめそしている二歳の子、その子が泣いていると先生に知らせにいく子、枯れ枝をもちきれぬほどかかえて帰る子、こんな光景を目にしている時間に感謝したい。和加子先生ありがとう。

小さい子たちもよく外にでかける。「どんぐり山、行ってきまーす」用水が流れていて、あとは近くに牛がいて、小さな橋を渡ると楢の林がある。ただそれだけというと、どんぐり山に叱られそうだが、子どもたちはどんぐり山までの涼しい道にあそぶ。先にいく小さい子たちと先生が「こんどうせんせーい！」と手を振る。用水にじゃぶじゃぶと入ってあそぶ。秋にはポケットにどんぐりをいっぱい入れて帰ってくる。

一歳児、二歳児をつれて氏神さまへ散歩へいく。道路の真ん中に下水のふたがあり、そこをのぞくと流れの音も聴こえる。「おーい」というと、良く響く。こんどは次のふた。ときどきやってくる畑に向かう村の人たちの車。「あっおじいちゃんだあ、ばいばーい」いってしまうとまた、「おーい」とふたをのぞく。ようやくたどりついた氏神さま。階段を登り、「かくれんぼしよう、いっせいのう、も、いいかい」先生がオニになり、子どもたちがオニ

卒園を間じかに控えた平沢保育園の愛すべき悪ガキたちと。　（99年3月）

タンポポの丘ドングリ山といった近場の山へよく
散歩に出かける。　(95～99年)

家族総出の運動会　(98年10月)

大根とカボチャをバトンに二人三脚レース。　（98年10月）

になる。疲れると斜面に座りこんで花を摘む。たんぽぽが好き。風にゆれる白いちいさな花、いちりんそうもひろがっている。二歳児の姉さんたちが、かわるがわる私の横にきて、「えんちょうせんせいのとけいつくってあげるからね」ちいさな指で細いたんぽぽの茎をさいていく。それを私の腕にまく。もってきたたんぽぽでは長さが短くとてもとどかない。「あっ、まっててねえ、もういっかい」何回も挑戦。いつも先生たちにしてもらっているたんぽぽ時計。しろつめくさの時計や首輪もある。お土産を手に、汗をかいて、上着を腰にまいて保育園に戻る。

●大自然に抱かれた、安心の場

園庭からみえる飯盛山《めしもりやま》。御飯を盛り付けたような格好の山なので、その名がついたという説がある。この山に三歳以上の子が毎年秋に登る。それは、いつも歩いている散歩の延長なのかもしれない。大丈夫かと心配していた子が、ずんずん走っていったりする。なかには「もうだめ、せんせい、あるけない……」（ゆっくりでいいから、休みながらいこうよ）「ぼくのリュックもってえ」（だってえ、自分のお弁当がはいっているんでしょお）「あ、もうあたし、だめえ」（じゃあ後からおいで、先生先にいってあそこで待ってるからねえ）誰も助ける人はいない。もちろん、その子の体調から困難だというときは、登らない。

「あらあ、こんな小さい子が……ぼく何歳なのう?」などと熟年の方が声をかけてくれる。でも、上までつれていってくれるわけではない。登りはじめたら、頂上まで何回も休みながらめざすしかない。そして、お昼にはちゃんとみんなでお弁当をひろげる。まつむしそう、あきのきりんそう、やまははこが咲き、そこを孔雀蝶が飛んだりする光景に出会う。ああ、この世にいてよかったと胸に込み上げてくる何かを感じる。

飯盛山登山の少し前、卒園児だけだが、毎年海へいく。これも平沢保育園の先輩たちがつみあげてきた取り組み。山の子が海へいく。ふだん山に囲まれて過ごす平沢保育園の子。でも、地球には海もあるんだ、みんなでいこう。年長になるまで海を見たことがないという子は最近では少ないが、でも、仲間と先生と、遠く海へいくのは心が沸く。朝、七時ごろに保育園をでる。ジャンボタクシーをたのみ約三時間半、「すっげえ、でっけえ、ふねー」「おれ、どこでつりするのお?」「せんせい、きょうりゅうどこにいるの? こわくない?」

毎年、季節がくると、私も海が見たくなる。海の風にあたりたい、話をしたい、そんな気分である。大平洋が広がる三保の松原に座りこんで、はるか四十年近く前に海にあそんだ子ども時代を、ぼーっと振り返ったりするのである。「あつい、あつい」といいながら、砂浜を走る子、貝をおみやげにという子、先生達は子どもたちとともに過ごし、着替え、トイレの世話、食事の支度とあけくれている。帰りの車中、うしろを振り返ると、大人も子どもも熟睡している。暗くなる少し前に保育園に到着する。出迎えの保護者にあいさつをして、ああ、今年もやれてよかった、この取り組みはずっと続くといいなあと思うのである。

保育園の周囲には、畑、山、川、氏神様がある。そして九十戸あまりの集落がある。南向きには畑が広がり遠く南アルプスを望む。北側には八ヶ岳がそびえる。言い方によっては、何もないところともいえるが、やはりそうではない。大自然の動きを肌で感じとれるところである。そして、この地域には子どもがあそび、大人たちが暮らしている。野菜をつくり、酪農を営む、生活する人たちの息吹がある。ここを安心の場所として、広い世界へはばたいてほしい。

3——大丈夫ですよ、お願いします、のメッセージ

娘さんを二人育てながら、保育者として過ごす高見沢文子先生。はじめて赤ちゃんを預けるお母さんの気持ちをよく聞いている。お母さんは、朝子どもに泣かれると、誰だって気になる。どうしているかと、仕事先から電話をくださることもある。そんなとき、ほどなく泣きやんだことや、お散歩で牛を見て離れようとしなかったこと、そんな具体的な姿を、お母さんの気持ちを聞きながら伝えている。離乳食をどうしたらよいかと聞きたいお母さんがいれば、給食の浅川先生も交えて話し合う。そんな輪をつくる大事な存在である。

朝、「おはようございまーす」と保育園中に聞こえる声であいさつする子が何人もいる。「あらあ、きょうはきまっているねえ。え、自分でお洋服を選んだの?」「何もってきたの?みんなに見せてやろうか」子どももお母さんも、朝、いろいろな気持ちを抱きながら保育園にくる。もちろん、人間だから夫婦げんかの後しかたなくくるときもあれば、忙しいのに容易に子どもが離れてくれないときもある。そんなとき、子どもの気持ちも不安定だったりする。でも、朝から泣いてしまうときがあってもいいんだよう、大丈夫ですよお母さん、と迎えるのが保育園だと考えたい。

文子先生のように、よく聞いて親切に応えるという姿を見て、ほかの先生たちも学ぶ。青柳茜先生も、和加子先生とともに二年目のフレッシュコンビの一人である。最近彼女は、保育所をつくりたいという夢を語ってくれた。焦らない、そして、明るい持ち味にいつも教えられる。のっぴきならない用件が重なって先生が足りないとき、園長が彼女と三歳未満児の保育をすることがある。食事を終えて眠い子、着替えや歯をみがかねばならない子、便をしている子もいる、もっともせわしいひととき。でも彼女は「食事が終わった子の歯をみがいてもらっていいですかあ?」「眠くなったから、寝かしてきちゃいます。お願いします」そんな手短なやりとりを交わしながら、雑然としたなかにも子どもたちにとっておちついた生活がすすんでいく。

「歩けるようになったんですよう、このごろ、お話しもにぎやかでえ」子どもたち一人ひとりのことを語る茜先生の表情がいい。毎日の仕事は疲れることも多いだろう。夕方、仕事で遅くなったお母さんを待つ長時間保育。彼女自身幼いときにお母さんが仕事をもち、子どもながらに寂しい気持ちを味わった。でもだからこそ「お母さんきたよう、○○ちゃん。ごくろうさまあ」と荷物を渡しつつ、明るく迎える。毎日の仕事をこつこつとする姿をみる。

保育園の生活では食べるということがかなりのウエイトを占めている。子どもにとってはもちろん、保育園で仕事をする先生たちにとっても、である。「あさかわせんせい、きょうのごはん、なあに?」「おやつ、おだんごにしてよう」毎日のように子どもたちが給食室を訪問する。

園児も職員も、温かい御飯を一緒に食べるひとときは楽しい。散歩によくでかける。「天気がいいから、外で御飯がいいなあ」ということになる。そんなとき浅川先生はメニューを変更して、園長と一緒に車で御飯を運んでくれる。

浅川先生は給食室の環境についてもこまめに気がついて、くりかえし園長に進言する。「この流し台よく使ってきたし、そろそろ換えたほうがいいですよ」「ここも少し風通しをよくしないといけませんよねえ」「マッチがあと一本しかないんです」設備にかかわることから、不足している消耗品にいたるまで要求する。「もっと子どもたちとあそんだほうがいいですよう。このごろあまりいませんねえ、もしかしたら、誰かと……あははー、いえ冗談ですー」「このお花植えませんか? とても匂いがいいんです」園長と年齢も近いせいか、率直である。

こんなやりとりに、しばし自分を振り返り、心の栄養を補給する。

給食設備にかぎらず、県や村の補助を得ながら、ずいぶんいろいろな環境を整備してきた。その原動力は、気持ちのよいところで仕事をしたいという先生たちの熱意だ。そこには保育園の子どもたちの願いが込められている。

4――あそびと出会いの広場

園庭には桜の木が数本ある。四月末から五月はじめが満開で、その下で子どもたちは食事をしおやつを食べる。あるとき、あやちゃんのお父さんが、「この下で花見会ができるといいね、園長先生、いやあ絶対花見ですよう」としみじみという。もちろん夜のことだし、さて、どうしたものか。「みなさん、庭の桜が満開ですよう。花見でもしましょう」と率先してプリントを出すのもなぜか気がひける。でもこのお誘いにはのりたい。なるべく静かに、でも飲酒運転は困る……、何かいい方法はないかなあ。そうだ、保護者の有志が園長の許可を得て取り組むことにすればよい。「夕方、保育園の庭を開放していただけるそうです。みなさん、一品ずつ持ち寄りませんか、飲酒運転をしない対策は各自でよろしく」という張り紙で実現の運びとなった。さて、当日の夕方になると、小学生たちが三人、五人と集まってきた。手にはおかしやジュースをもっている。仕事を終えたお父さん、お母さん、先生たち、大人も十人を越えた。園児は一人なのに兄弟、祖父母、アルバイトさんとにぎやかな参加者もある。満月が高くなってきた。気がついてみると、数十人の子どもたち、平沢部落中の小学生が庭に集っている感じである。あやちゃん宅で用意された豚汁には、お椀を持った子どもたちが並ぶ。薄暗くなった庭を、元気に走りまわる。砂場であそぶ。木にも登る。転んだりする小さい子を抱いたりして、面倒をよくみる小学生たち。おなかがすくと大人たちのそばへくる。またあそぶ。子どもたちにとって、求める何かがこのひとときにある。大人たちは飲んで、食べて、もちろん楽しい。すでに二回おこなった。恒例になっていくようである。

夏の夜、盆おどり花火大会。これは保育園の行事。園児、職員もゆかたに着替える。太鼓が響く。金魚すくい、わたあめ、ヨーヨー、花火、保護者の協力で毎年おこなわれている。農繁期の夜、園児、親たち、あそびにきているお客さん、誰でも集って、夏の夜を楽しむ。星座の話をしてくれたお母さんがいる。ふだんあまり気にとめていない、地球、銀河系宇宙のこと、星の命のこと、自分が広い世界のなかの一員であることを考えたりできた。また、コンサートをしたこともあった。

恒例として保育のなかで取り組んできたことに新しいアイデアも加わり、保育園が楽しいあそび、出会いの広場となってきた。土曜日が休みとなる小学校、中学校にも呼びかけていろいろな集いをやろう。それも、あまり準備を必要としない、お金もかからない、身近な大人たちの力を借りてやってみよう。

平沢保育園の近くにある氏神さまへはよく散歩に出かけていく。セミやバッタ、クワガタといった昆虫との出会いの場でもある。　(99年7月)

学校の夏休み期間中は卒園した小学生たちも保育園に登園してきて生活を共にする。
後方林の中が平沢保育園。　（99年7月）

年二回歯科検診にきていただいている先生は、よくピアノを弾いて歌をうたってくれる。さっそく相談してみる。先生はレコーディングスタジオもされていることも知る。チェロをもちしかもプロの演奏家までつれてきてくれた。保育園児も珍しい楽器に吸い寄せられるように聴いている。小学生、大人たちもうっとりと聴く。

商工会の方の紹介で茶道教室ができた。保育園の子どもたちは緊張気味ではあるが、「もういっかいやろう」と正座しておいしそうにいただいた。小規模な保育園のために先生たちが三人もきて作法を教えてくれる。お菓子の味を普段の数倍も楽しめた。

はじめの頃、園長の正直な気持ちは、いろんなイベントをおこない平沢保育園をアピールして、園児が増えてほしいということであった。しかし、それを意識すると、「ああきょうは何人集まった……今回は少なかった……」ということになる。

そうではなく、保育園の子どもたちが、先生たちが、親たちが、参加した人たちが楽しいという取り組みをどんどんやればよいという発想にきりかえた。そこでアンケートもとってみた。次つぎと寄せられるアイデア。こなしていくだけで何年もかかりそうだ。

木工教室、コンサート、人形劇、子育てトーク、パン作り、キムチ講習会、リースをつくる……反省することもあるが、子どもたち先生たちがいろいろな大人と出会えること、参加した人たちがお互いに心を通いあわせるひとときでありたいと願った。

そんなある年の春、小山先生が、「村の子どもたちのために、コンサートを呼びたいんです」としきりというようになった。そうとうお金もかかるらしい。

そのとき私は、二十年以上前に山梨であるコンサートを企画して、赤字を出したときのことを思い出していた。保育園に勤めて三年目ぐらいであった。町の畳屋さん、建具屋さん、保母さん、病院の職員、高校の先生などと一緒に実行委員会をつくり、学校の体育館を借りて実施した。金額は忘れたが、かなりの赤字をつくってしまった。幾晩も必死で話し合い、考えた対策は、赤字解消のための企画をいくつも続けるということであった。お客さんのあまりこない喫茶店を借りて歌う集いをやる、スポーツ大会をやる、小さな映画上映会をやる、それで立て替えた仲間にすべて返済できたのかどうか、私は事務局長であったのにもう記憶のかなたである。この仲間たちは十数人であった。陽気でいつも面倒みがよく、共通していたことといえばお金にあまり縁のないことであった。「近藤君は頭が堅すぎる、おれのかんなで削ってやるよ」などと夜を徹して語り合った。そしてお互いに心ひかれる女性も数人いた。それもあって、のべつ集まっていたのかもしれない。

そして、このなかから結婚していく仲間たちもいて、みんなで結婚式実行委員会をつくった。もう二十年も前か……。

そんなことをボーッと考えている私に「園長先生、やれるでしょうか?」と小山先生。「でも、もうちょっと考えてみて」しかし数週間しても彼女の決心は変わらない。「よしやるか」そして本格的な準備に入る。九カ月先のことであるが、先方への予約、会場の確保と、そこまでは一気にすすめる。小山先生は、とにかく親子が楽しめるのだ、という。「呼びたいんです、どうしても。もし赤字なら給料から払います、なんとかします」そこまでいうのならと、近藤の名前で肩書きもつけて契約し、後戻りはできないと彼女に念をおす。金額は数十万円、チケットを二百八十枚は売らないと赤字である。それから数カ月はまたたくまにすぎたが、チケットは目標の十の一しか売れていない。半月ほど眠れない夜が続いた。遠方まで下見を兼ねてコンサートを見にいった。その迫力に心をうたれ、いっきにチケット売りがすすんだ。そして、十二月中旬の土曜日、川上村文化センターのホールは約三百人の親子で満杯になり、コンサートを楽しんだ。組織をつくるたいへんさ、一人ひとりとの出会い、意志疎通の足りなさ、大きな取り組みへの不安、集まってくれたことへの喜び、何よりも彼女自身がいくつもの感情を味わったことと思う。ともあれ、一人の保母が村の子どもたちのためにコンサートを企画したいと考えて実行に移した。

気がついてみると、平沢保育園が平沢保育園のことだけではなく、村中の子どもたちのことを考えていたということになる。そんな突破口を切り開いた彼女の勇気、支えた職員、父母や地域の人たちの熱意はまさに宝物である。

5――韓国の子どもの保育を通して

定員三十人（〇歳～五歳）に十九人の入所。三年前、この数字が確定したとき私は力が抜けてしまった。臨時職員を含む七人の雇用、保育内容、玄関の床や屋根の修繕、これらの対策を検討する気力もなく、保育を継続できたとしてあと一年か二年ではないかと思った。通勤の途中に乳児をおぶっているおばあちゃんを見かけると「あれは誰の家の子どもだろうか？」と職員に聞いてしまう。どこかに子どもはいないかなあ。子どもがお金に見えてくるのであった。悩んでも、机に向かっても子どもは増えるわけではない。あきらめてクローズの手続きでも勉強しようか、人生そんな機会もあまりないなどと、投げやりな気分になっていたとき、韓国籍の子ども二名を入所させてほしいという問い合わせが入った。もちろん、承知した。これで二十一名になる。あと一年は安心。もう悩むのはやめよう。いや、とりあえず、悩むのはやめだ。こんなくりかえしを何度したことか。でもこの冬は胃を患うほどであった。

二人の娘さんを連れてきた韓国のお母さんから、私は前向きに考え努力するエネルギーを得たようだ。園児が減少していく、そのときがくれば平沢保育園の使命は終わる。でも今いる二十一名の子どもたちは楽しい毎日を求めている。子どもの父、母、祖父母との出合いを限りなく大切にしたい。それと、スタッフの一人ひとりを宝とし、一緒に考えていこう。八ヶ岳の寒風はいつしか早春の風に変わり、さんしゅゆの黄色いつぼみが目に入るようになった。

厳しい現実を職員会議で率直に報告することにした。園児が二十人を割りこむ状況が続くと、保育園は経営できなくなる、みんなで考えていきたい。もし、閉鎖という事態を検討するときは、職員、父母とともに自治体にも働きかけ方向性を切り開いていこう。園長のなかに確たる見通しがあるわけではないが、今いる職員、子ども、父母にとってより良い毎日をつくりだしていきたい。精一杯語った。沈黙が続いてから、「園児数が少ないのは、仕方がないこと、園長先生が悪いのではない」「職員が交代で休む、勤務実績を減らして、人件費を減らしたらどうか」「いろんなこと、保育園は楽しいということを知らせる。なんでもやりましょうよ」「出張保育はどう」……あー、私はすばらしい職員に支えられているのだ！この日、帰宅しても興奮して眠れなかった。

ゆうちゃん、すうちゃん（いずれも仮名）の姉妹は、新年度を迎える前の二月にやってきた。両親とも韓国籍で、日本に来て数カ月。両親が仕事するのでどうしても保育園でみてほしいという。紹介者が知人であり、かつてない園児減少なのですぐに受け入れを決めた。ゆうちゃんは二歳、すうちゃんは五歳。最初の日から、お母さんは保育園の玄関で姉のすうちゃんに韓国語で説明し「さよなら」といってしまった。二人とも子どもたちのほうへ走っていった。両親は気にしてないとしても、私のほうが不安であった。これは韓国語を少しでも知らないと困ると思い、すぐに韓日辞典と語学テキストを買った。毎日のお知らせや持ち物、筆順などおかまいなしに、書いてもたせた。げた箱やロッカーには韓国語で名前をつけてあげようと先生たちと話した。両親は指さしてとても喜んでくれた。テレビの韓国語講座は三ヵ月もやらないうちに挫折したが、ややこみいった文章を伝えるために、信州大学の韓国人留学生の協力が得られることになった。「迎えが遅くなると子どもも不安なので早く迎えにきてほしい」「保育料について説明したい」などの文章をその留学生にファックスで送ると韓国語に直してくれる。これはずいぶん助かった。

お母さんは「給料多くほしいので早く迎えにくるのは困る。朝も姉によく伝えてあるので大丈夫」という。実際、朝やってくると姉のすうちゃんが妹の荷物を持ってロッカーへ行き、衣類をたたみながらしまっていく。お母さんにいわれたことだとしても、ここまで基本的な習慣ができていることに驚く。入所時期の保育、家庭の育て方など韓国ではどうなっているのだろうかと関心をもった。両親は韓国籍で、事情があって日本へ来た。住民登録をすれば正式な入所児童として認められるので手続きをすすめたが、「園長先生だめなんですよ」とかなりはっきりした口調でいわれた。具体的な理由は語りたくなさそうなので、そのままにした。夏、夫婦は野菜農家で働く。冬は土木作業やスナックで夜遅くまで稼いでいる。アパートの家賃が七万円、保育料が二人で十万円近くなのでかなりの負担となる。長く働きたいのも当然である。

園の子どもたちは二人を迎えることにほとんど抵抗がない。日本語もよく覚えるので、必要な連絡は、すうちゃんから韓国語でお母さんに伝えてもらうことも多くなった。麺類などはじめてのものは食べられなかったが、あまり問題はなかった。姉妹だけであそぶことが少なくなり、友だちともまじりあって楽しく過ごしている。

父母たちのなかでうまくいくかという心配も思いすごしとなった。家庭訪問へ行ったとき、韓国ピザとキムチをごちそうになった。お母さんの提案で、キムチの講習会を保育園でやることになった。保育園の周囲で白菜も手に入るので、夕方保護者に声をかけて本場キムチづくりの教室が実現した。夫婦の呼吸は合い、またたくまに山のようなキムチとなり、私たちはいただいて帰るのみであった。

ゆうちゃん、すうちゃんが保育園にも溶け込んだころ、難問に出会った。両親の就労先で給料が支払われず、保育料や家賃の滞納が続いたのだ。ある晩、相談があるので韓国料理店へ来てほしいと連絡をもらった。日本語のよくできる女性に「園長先生、この二人、とてもまじめだから助けてやってください。よろしくお願いします」とビールをすすめられた。二人が給料日を雇用主に聞くと、「明日払うから」といわれ続けて、もう三ヵ月も支払われていないという。私は働いた報酬も支払わない雇用主への憤りと、自分の出る幕だろうかという迷いとが入り交ったが、けっきょく、雇用主に折衝しに行き遅配ではあるが給料が出るようになった。

すうちゃんは五歳児で、春には就学する年齢であった。ここで次の問題にであった。オーバーステイ（ビザの滞在期間切れ）の場合、入学が許可できないということになった。しかし、いわゆる不法滞在者であってもその子どもは入学させている自治体があるということを調べ、教育委員会など関連機関と連絡をとった。文部省ではオーバーステイであつても（滞在の適、不適の）決定がでるまでは、小学校へ入学させることもありうるという。一方、入国管理局永住難民部では、滞在が適法か否かを審査するのが役割で、入学のことは管轄外という。一番身近な自治体では、住民登録があれば入学はできる。登録の結果、オーバーステイとなっていれば、入国管理局へ連絡しなければならない。こうした実情もふまえて弁護士事務所へ相談をかさねて出てきた結論は、入学は無理ということであった。両親のどちらかが日本人の場合は入学のケースも多いが、この場合は日本へ旅行者のように来たといえるので、子どもの入学も韓国へ戻ってするべきだというのが結論だった。両親は事業の失敗があり、今は韓国へ戻れないという。住民登録を拒んでいた状況がややわかった。子どもが日本の学校へ入れないとしたら、子どもだけ韓国へ戻して、保育園、学校へいかせるといって、涙を流す二人であった。

しばらくして、保育園でゆうちゃん、すうちゃんのお別れ会をした。親子がなぜともに暮らせないのか？　他に方法がなかったのか？　両親との意見交換、行政機関への働きかけは適切であったのか？　結果は残念でしかたない。

韓国へもどったゆうちゃん、すうちゃんは二人ともとても元気だと、両親が保育園にきて報告してくれた。二人はお母さんの親戚の人たちの協力で、韓国の保育園へいっている。平沢保育園の子どもたちが絵を送りたいと伝えたら、近いので園長がもっていけばよいという。両親が会えないのに私がいくのは申し訳ないといったら、「韓国の保育園と仲良くしてください」といわれた。

一九九八年十二月中旬、私は保育園の子どもたちの描いた絵をもって、成田空港を後にした。ソウルを経由して光州まででかけた。もちろん、二人の娘（ゆうちゃん、すうちゃん）がいる家と、保育園を訪ねることが目的であった。

成田空港で搭乗手続きをする私の携帯電話に、ゆうちゃん、すうちゃんのお父さん、お母さんから電話がはいった。「園長先生、気をつけていってらっしゃい、光州に降りたら二人が待っているから大丈夫ですよう。心配しなくていいから」ご両親は私に韓国訪問をすすめ、韓国国内の移動にも、乗り継ぎ便の問い合わせなど連絡をよくとってくれた。そして今、私が無事韓国へつけるように心配してくれている。ご両親こそ会いたいのに私がいって何をしてくるのか……。保育園との交流も大切だが、引き裂かれた親子の現実は、どうしようもできないではないか。ご両親は何かを私にゆだねたいのだろうか……私は手続きの列に並びながら、涙をおさえられなかった。

当初、保育園の子どもたちの絵は、送るつもりでいた。そして、いずれは行きたいぐらいにしか考えていなかった。しかし、九八年秋になって、ゆうちゃん、すうちゃんがくりかえし電話をくれた。「園長先生、会いたいよう、いつくるの」と。また、手紙もくれた。「私は韓国で熱心に勉強していますし、元気です。先生会いたいです。友だちにも会いたいです」また、お母さんあてにきた手紙には、なぜ自分たちが両親と離れて暮らさなければならないのかという疑問、日本にはもう行きたくない、お母さんお父さんの顔も忘れた、という電話もあった。そんなやりとりを聞いていくうちに、私はとにかく早めに行こうという結論をだした。私に何かできることがあるわけではない。二人の娘に会う約束を果たすということだけのことではあるが、ご両親のぜひとのすすめもあり、十二月初旬、出発を決めた。

出国前までのできごとを思い浮かべながら、十二月十三日、ソウルへ飛び立った。十二時三十分に成田をたった飛行機は三時にソウルに到着した。荷物を受け取り国内便で光州まで行くのだが、案内表示はハングルばかりでまるでわからない。ようやく英語でなんとか通じる人をみつけて、シャトルバスに乗って国内便カウンターについたのは、ぎりぎりの時間であった。ソウルから、光州まで約一時間。広大な中国大陸に沈む夕日がすばらしい。山崎豊子の『大地の子』を思い出した。到着が近づくにつれて、「なぜ私が来たのか」というとまどいが再びこみあげてきた。気持ちの整理がつかないまま、光州空港に着陸した。ソウル空港のような華やかさはない。荷物を持って出ると、「えんちょうせんせい！」という声とともに、ゆうちゃん、すうちゃんの笑顔が目の前にあった。少し大きくなったが、顔だちはそのままであり安心した。二人からいえば、おじさん、おばさんが一緒に迎えに出てくれていて、乗用車で自宅へ向かった。途中、「歓迎、光州、民主」の看板があった。そうだ、二十年ぐらい前、光州事件という学生運動でよく知られた町なのだ。車の通りはにぎやかであるが、日本でいえば地方都市といったところであろうか。二十分ほどで彼女たちが暮らしている住宅についた。ゆうちゃん、すうちゃん、二人のお母さんのお兄さん夫婦、その子どもさん、おばあちゃんと六人で暮らしている。高層住宅の十一階までエレベーターで昇る。

日本に居たことがあるおばあちゃんが迎えてくれた。おばあちゃんは少し日本語がわかるので、「休んでください」「御飯何でも食べれますか？」などと、気をつかってくれた。ゆうちゃん、すうちゃんの二人は日本語をほとんど忘れていた。考えてみればあたりまえのことだ。

食事もすっかりいただき、そのあと二人とあそんだ。もっていった絵を見て、平沢保育園のことを思い出したようだ。子どもが描いた絵に、そのとき話した言葉を先生たちが記録してくれてあったので、例の留学生に頼んで韓国語に直してもってきたので、絵の意味が通じてよかった。

翌日、おじさんの運転で、すうちゃんのいっている保育園を訪問した。保育園というよりも日本の私立幼稚園といえる施設であった。四歳から六歳までの子どもたち約百人が過ごしていた。おばあちゃんが一緒にいってくれたので、通訳をしてもらった。保育園からもっていった子どもたちの絵と先生のメッセージを渡すと、担任の先生が説明していた。園長さんと話し、今後、手紙や絵で交流していこうということになった。学校へいってからの勉強がたいへんになっていることなど、日本とも共通する問題を感じた。

二日間の短い韓国訪問であった。移動中に、日本のゆうちゃん、すうちゃんのご両親から、たびたび電話が入る。私の食事のこと、保育園訪問のこと、帰国スケジュールのことまで、こまかく気をつかってくれたことに、心から感謝したい。

今、日本には百三十万人以上の外国籍の子どもがいるという。また、オーバーステイの人は百五十万人とも推定されている。家庭や両親の事情で日本に来たわけであるが、今日本にいるかぎり、その子の保育、教育を受ける権利は、はっきりと保障されるべきだと思う。ゆうちゃん、すうちゃんが両親と離れて暮らしていかねばならないのは、外国人登録をしなかったので、日本の学校へ入れず、教育を受けさせるために韓国へ子どもだけ帰したのだ。日本の文部省と法務省とのはざまで日本での教育を受けさせることを断念せざるをえなかった両親。こうした結果になってしまったことに対して、二人が過ごした保育園の園長として、日本人の一人として、責任を感じてしまう。

帰国した夜、取材に協力したNHKのETV特集「アジアからきた子供たち」の放映がおこなわれた。

身近に起こったゆうちゃん、すうちゃんとの出会いであったが、子ども、家族の幸せに国籍の違いがあってはならないと、強く心に残った韓国訪問であった。

6――祈るということ

「めぐみの神様、今いただく食べ物を主イエスの名によって、感謝します、アーメン。天のとうさまいただきます……」平沢保育園にきてこの食前の祈りをはじめて聞いたとき、私はとまどいを感じた。自分はクリスチャンではない。この祈りを毎日することにどんな意味があるのだろうか？　保育園の職員はクリスチャンであったほうがよいのか？　とまどいは、かんたんに解消されなかったが、前園長の野坂先生との話や、実際の保育のなかで、しだいに自分なりのとらえかたをもてるようになった。

この平沢保育園が五十年近い歩みのなかで培い大切にしてきたことはなんだろうか。保育記録は長く保存され、机、椅子、恩物《おんぶつ》などは今も使っているが、保育のマニュアルはない。この意味を考え続けていきたい。毎日の保育は、一人ひとりの大人が子どもたちから学びつくりだしていく営みだ。あなたという先生と子どもたちとでつくる素敵な仕事だ。

どんな保育になるかは毎年が楽しみだ。子どもとの関係のおもしろさに気づき、職員たちで気持ちを交流する。子どもがいるから父母や近所の人とも親しくなる。そして保育が積み重ねられ、地域と園の歴史がつくられていく。

保育者はそれぞれに個性をもつ。大人として思想、信条、信仰などがあり、それは尊重されていく。一人の保育者は他の誰とも置き換えることはできない。この違いが大事にされなくて、どうして子どもの持ち味に心を寄せることができるだろうか。その人らしい個性が仕事のなかで輝くとき、平沢保育園の職員として、ともに楽しく過ごしていけるのではないだろうかと考えている。

一人ひとりに対する尊厳、もっといえば人を生み育てる大地、自然の大きさ、そうした目に見えないものを考えること、その営み、それが保育なのかもしれない。私たちがなしうること、大人ができること、それはほんの小さなことだ。いずれは宗教、あるいは宗教的な感情ということについて深く調べたいと思っているが、少なくとも今、子どもにとって願いや祈りという感情に出会うことは、意味のあることだと思う。自然や社会の実際をからだ中でつかみながら、広い世界、見えない自分、他人の心に想いを寄せる人間を求め続けること。保育とは、どこまでも広く、愛に満ちた仕事であるといえるのではないだろうか。

子どもたちと歌う賛美歌の中に、「ぱらぱらおちる雨よ雨よ、ぱらぱらぱらとなぜ落ちる、乾いた土をやわらかにして、きれいな花をさかすため……きらきら光る星よ星よ、きらきらきらとなぜ光る、旅する人がくらい夜にもまよわず、道をいけるため……」という曲がある。

また、誕生日のその日、玄関には「きょうは○○くんの誕生日です。○歳になりました」と張り紙が出る。その日にみんなで祝う賛美歌は、「生まれる前から神様に守られてきたともだちの誕生日です。生まれてきょうまでみんなから、愛されてきた友だちの誕生日です。おめでとう」である。

子ども一人ひとりは、他の誰ともおきかえることはできない。保育にかかわる大人の一人として、心を傾けて保育にのぞむが、結果は容易にはわからない。目に見えない世界との出会いが続く。だからこそ、願い、祈るのかもしれない。

十二月二十四日、平沢保育園では毎年この日にクリスマス祝会をする。子どもたちが聖劇を取り組む。マリア、ヨセフ、東の国の博士、羊飼い、馬小屋の主人、それぞれの役になり表現し、賛美歌を歌う。降誕劇は平沢保育園の歴史のなかでつくられてきた。あたりまえのことであるが、聖劇によってみんなでクリスマスを祝う。大人も子どもも生命や人間社会の平和について、願いをもつひとときといってもよい。

卒園していく五歳児が、春のひなまつり音楽会で独唱をする。一人で全園児、父母、職員の前に立つ姿。名前を呼ばれて前にいく。そのときの本人の気持ちはどんなことか、成長してからでも聞いてみたい。心がはりつめた自分を表現している。力いっぱい歌う子。途中で歌詞を忘れてしまうこともある。でも、多くの人の前に一人で立つこの姿は、それぞれに美しく、誰もが心をうたれる。

そして、卒園の場面、園長は短いあいさつをさせてもらう。

「はるき君、あなたは保育園の園長になるのが夢だといってたよねえ。たくさんあそんでしっかり勉強して、やさしいりっぱな園長になってほしい」

「せいしろう君。この笑顔が好きだなあ、最高。どんな大人になるか、楽しみだなあ。せいちゃんのお母さんは保育園に十四年もつきあってくれたんだ……」

「ひろやす君、ひーぼうでいいかな。ひーぼうが音楽会で『おかあさん』をうたったとき、園長はカメラをもつ手がふるえていたんだよう。やさしいんだよなあ」

「ゆうさく君。ゆうちゃんは大人の言葉でいうと、しなやかということになる。いつも、心に響いたことをみつけて教えてくれるんだ。ゆうちゃんのお母さんには、いつもピアノをひいてもらった……」

「りょうた君。先生はりょうた君から酪農のことをいつも教わりました。病気になった牛のこと、餌のくれ方、たくさんの発見、いつもありがとう」

「まほさん、あなたは、ひとりだけの女の子だった。とてもやさしい。近藤先生がまほさんにおこられたことがあるんだ。おぼえてるかなあ。御飯を食べているとき、遅い子がいて注意したんだよねえ。そしたら、いいんだようゆっくりでと。そうだよね、先生がいけなか

平沢保育園を開設した初代の園長は敬虔なクリスチャンだった。園長が代わった現在も,父母参加のもとにキリストの誕生を祝う降誕劇が続けられている。　（98年12月）

った。その気持ちを忘れないよ」

「こうき君。こうき君は頭のなかに一杯何かがはいっている。もう話はじめると、止まらないんだよ。どんな大人になるか楽しみだなあ。こうちゃんのお母さんは、保育園にきれいな花をいつも持ってきてくれた。素敵な仕事、働きものなんだよう」

限られた保育園生活のなかで、一人ひとりがその子にしかない持ち味をもち、それぞれ違った仲間たち、大人たちと出会う。この出会いが、この子にとってどんな意味をもつかは、はかりがたい。でもそれゆえに、この子のメッセージを受け取りたいし、こちらの想いも伝えたい。

送りだす七人の子を前に、何ができただろうか、と考える。歩いていくのは子ども自身。今の時代を一緒に生きていく一人として、この出会いに感謝したい。

7――世界中の子どもたちが

一九九九年春、山梨県の小学校の校長室で、すうちゃんとお母さんと私が面接を受けた（前述した韓国の親子である）。温和な校長先生で、これまでの経過や今後のことについて私も説明し、お話を伺う。ついに、教育委員会よりすうちゃんの入学が許可されたのだ。入学に必要な書類をお母さんと相談して書く。そのあと、学用品を一つひとつ見せてもらう。必要な持ち物が手に入るお店を聞く。給食の手続き、教科書のこと、次つぎと先生方もみえて、親切に教えてくださる。私を父親と思っている先生もいた。説明も込みいってしまうので笑っていたが、そんなことよりも、今こうして入学の準備をしていることが本当のことなのか信じがたい。お母さんは、「はい、わかります。ランドセル、きょう、買いにいきます」とだいぶ慣れた日本語で応じている。むしろ私のほうがあまり落ち着かず、いくつも聞き忘れていたことがあった。一年生の受け持ちの先生は急な決定でご苦労も多いのに、わかりやすく「大丈夫ですよ、すぐになくても」と安心させてくれる。すうちゃんは日本語を充分話せないので、県の教育委員会から定期的に日本語の個人指導を受けられることになった。教室、校庭を一緒に見てから、その足でそのまま町役場へお母さんといく。妹のゆうちゃんの保育園への入所手続きである。保育料算定のための税金申告、農業の就労証明を得るために町の民生委員さんを訪ねる。こうして、県を越えた広域入所の措置をとり、ゆうちゃんも平沢保育園に入ることができた。家に待っていたお父さんに報告して帰路についた。あわただしい、長い一日であった。

ご両親にとっては娘さん二人と離れた、辛く、長い一年であったにちがいない。家族そろって過ごすという、あたりまえのことの尊さをこの家族から学んだ。まじめなご両親の努力が実を結んだこの決定を、翌日保育園のおたよりでみんなに知らせた。

冬に訪問した韓国の光州にある、ゆーいる幼稚園から絵や手紙が送られてきた。すうちゃんが元気に日本の小学校へいっていること、ゆうちゃんも平沢保育園で友だちと楽しくあそんでいると私は手紙を書いた。気がつくと保育園幼稚園同士の小さな国際交流となっていた。毎日散歩へでかけ、ゆうちゃんもあたりまえのように一緒に走りまわり花を摘んでいる。

●夢の保育・子育てセンター

平沢保育園のある南牧村平沢地区は長野県の東端にあり、山梨県との境にある。私の通勤は長野県川上村から南牧村野辺山地区を経て、一度山梨県北巨摩郡高根町に入り川を越えて、長野県南佐久郡南牧村の平沢地区に入る。片道約三十キロである。南向きの暖かい集落である。保育園には半世紀近い歴史があるが、その間園児数は四十五人定員から三十人定員へと減少してきた。子どもの減少は今や社会的な課題である。しかし、地域に人が住み暮らしていれば必ず、保育、教育の課題はある。県境にある農村地域の私立保育園として、ここでしかできない保育と、村のあそびの広場となるように充実させていきたい。

村中の子どもと大人たち、広域入所が可能となった周辺の町、村の子どもたち、そして、日本中の子どもたち、世界中の子どもたちのことを考えて保育が展開されていったら楽しいことである。

西暦二〇〇〇年、保育の道に入りこんで二十三年になる。今、一つの夢を抱いている。保育、子育ての博物館のようなセンターをつくりたい。時代の流れは急速ではある。その中で保育、子育ての内容、方法は変化していく。人と人とが出会いつくりだしていく保育の営みは、歴史のなかで、暮らしや社会の変化のなかで新しい内容に変わり、古い子育ての知恵は忘れかけてしまう。また、一つの保育園の歴史にも、先輩たちの実践と膨大な資料の積み重ねがある。育児の文化も日本中で地域性があり、関心がつきない。

建物だけをつくるという発想ではなく、保育、子育ての歴史や内容を保存し、研究し、普及していくセンターとなったら楽しい。また、過去の保育、子育てにとどまらず、今の子ども、保育関係者、大人たちがいろいろなあそびや楽しい集いを企画し交流する所、もちろん保育園が併設されていて、若い両親や青年たちが乳幼児の過ごす実際を知ることができる。都会の保育者、学生も実習に来れる。研究者との協力で勉強会もできる。身近な人たちの育児や保育の相談、保健婦、医療、教育関係者との連携、また、村のお年寄りたちが気軽によって過ごすこともできる。小さな図書室、工作室、調理室などもあるといい。

村の自然、農業や歴史も勉強し、体験もする。ここで生活することに誇りをもてるような場所、若い世代にとっての新しい情報も提供できる、ネットワークのセンターになるような所……。

よくばりな発想であるが、信州の山奥から日本中、世界中に発信していく、そんな保育、子育ての博物館センターをつくっていきたいと思っている。大きなふろしきを広げて、できることからはじめていくつもりでいる。

そんな夢を職員と話し合うとき、「今のうちに、布おむつを集めておきましょう。どんどん新しく開発されるから紙おむつもとっておきましょう、日本おむつ博物館?」「保育園で日本、世界のおもちゃ展示会をやろうか」「都会の保育園とキャンプで交流もいいねえ」「博物館の受付、私ならいいでしょう? 若いし……」「掃除をやる人がいないと困るなあ」「世界の保育を考えるのなら研修へいきましょう、アメリカ、中国、韓国も……いつにします?」

私立保育園の経営問題にいつも頭を抱えていながら、こんな職員、子どもたち、親たちに支えられて過ごしている。

二〇〇〇年一月、園児減少のなか、平沢保育園のあり方が問われている。子どもは村の将来そのものであり、地域社会は最善の環境を用意する責任がある。子どもの願いの実現は、私にとっての宝である職員、父母の幸せにつながることだ。目前の課題にこそ挑む決意で新年を迎えた。

〈補　筆〉

川上よし先生のこと、平沢保育園の歩みについてふれる。そこから二十一世紀へのメッセージと豊かな保育園像をさぐりたい。

（一）川上よし先生との出会い

「（川上村へ）こないほうがよいといったのに、おいでになったのだから仕方ないですよね」村のお婆ちゃん先生は、新築されたみやま共同保育所を見上げながら、思いだすように私にゆっくりと語りかけた。

一九九七年十月のことであった。私たちがお婆ちゃん先生と呼ぶ川上よし先生は、みやま共同保育所の前身、農繁期季節保育所あゆみ保育園をやられていた方で、私たちの子どもがそこでお世話になった。

お婆ちゃん先生と妻の光江は、この二十三年間、保育にこだわる私の人生展開にとって不可欠な人物である。

*

川上よし先生は、一九一六（大正五）年生まれ。現在八十三歳。川上村に暮らすクリスチャンである。私は腰痛がひどくなったとき、先生の指圧を受けにいく。

「先生、ぼくはあまり長く保育を続けられないでしょうか？」

ぐちをこぼす私に、全身の筋肉をもみほぐす手を休めず、こんな話を聞かせてくれた。

明治時代、十歳前後の子女たちは就学をすすめられてもできなかった。なぜなら、家庭は貧しく、子守や蚕飼育の手伝い、留守居をすることが彼女たちの日々であった。そこで明治二十年、子守学級が長野県内各所に設置された。幼子を背負い学校へ通うわけだが、記録によると、授業は二時間程度、修身、読本、算術、唱歌などの内容であった。この子守り学校の先生にはずいぶん高齢な方がいて、七十歳、八十歳をこえるまで携わる人もいた。つまり、乳幼児保育の大先輩がいたということになる。

それに今でも川上村では、農繁期になると七十歳をこえるおじいちゃんが乳母車をひいたり、おぶったりして孫を育てている。夜長の頃にはふところに孫をいれ、桃太郎話や村の道祖神祭りのことまで、「～あったそうね」と、のんびりとした調子で話す。すると、孫は

川上村であゆみ保育園を始めた川上よしさん。戦時中軽井沢で疎開保育をしてきた。　(83年8月)

親の希望があっても３才未満の保育をやらない村の公立保育園。その親達の願いを、よしさんは恵津子さんと自宅を開放して、農繁期のみの季節保育所あゆみ保育園を実現させた。　(83年8月)

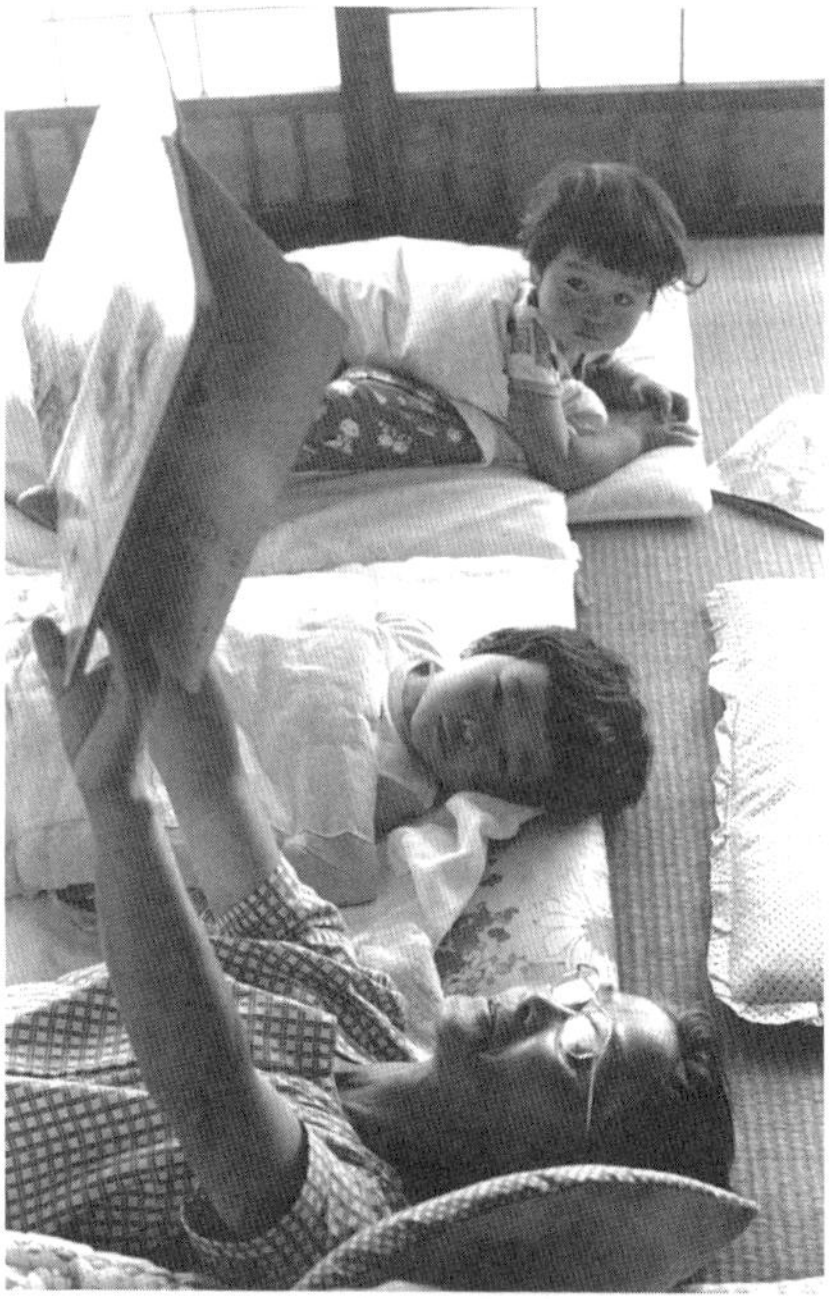

「ふーん」とそれに応じる。「ふーん」がなくなるとおじいさんの語りも終わりになる。農繁期を終えてこんな静かな冬ごもりができるのも子守りじいさんのおかげだ。

「子守りじいさんのことを思えば、保育の仕事、先は長いですよ、近藤さん」

川上よしさんは長野県佐久市野沢の出身で、女学校卒業後三年間、地元の聖愛保育園に勤めた。保育者として歩みはじめてからの今日までの六十年、それは紆余曲折の道程であった。クリスチャンである先生は、自分が行く先々で子ども、老人、村の人たちの労苦に共感し、他人の幸せのために身を捧げてきた。軍国主義一色の時代にあって、クリスチャンであることは、毛唐の宗教を信じる者として蔑まれたが、先生は信念を貫き通してきた。

最初の職場として選んだ聖愛保育園は熱心なクリスチャンが創設した佐久地方の幼児保育の草分けであった。三年間保母として働いたのち、保育の基礎を学びなおそうと東京の英和女学校幼稚園師範課（現在、東洋英和女学院）に入学する。ここでの二年間の教育は、先生がその後の苦しい時代を生き抜き、今を築く基礎となっている。同時に、昼間の学業とともに、夜学で身につけた浪越先生の指圧療法は、村の人たちの健康を支え、励ます宝となっている。

卒業後、愛清館セツルメントへ就職する。しかし、おりしも第二次世界大戦末期、先生は幼児、学童たちと長野県軽井沢で疎開生活をすることになる。一九四四（昭和十九）年二月、セツルメントの職員、父母との話し合いがおこなわれた。館長の安部ゆひ先生は、幼児たちを親元から離すよりも、死なばもろともで親とともにおくほうがよいと力説されたが、親たちの何人かは「田舎のない自分たちは家をここで守らなければならない。御国のためには子どもは残せるように安全なところにつれていってほしい」と主張した。こうして疎開が決まり、長野県となれば前島先生（川上先生の旧姓）の出身地なので父母も信頼をよせた。三月、十二人の子どもとよし先生は、まだ春がこない軽井沢へ向かった。

わが子を手放した親たち、見知らぬ山奥で苦しい日々を過ごし戦争は勝つと信じていたであろう子どもたち、保育者として共に生きた二十歳代のよし先生、戦時ならではの厳しい経験を余儀なくされた一人ひとりの思いはいかなるものであったか、昭和二十八年生まれの私にとっては、推し量ることもできない。

＊

一九四五（昭和二十）年三月十日、いわゆる東京大空襲で亀戸にあった愛清館本館、子どもたちの家もすべて焼失した。疎開から一年も経ずに家なき子となってしまった軽井沢の子たちである。同年八月日本は負けた。

やがて愛清館は、軽井沢に疎開していた子どもたちのために新しい園舎を建設することになった（軽井沢学園）。建設費用約二十万円。さしあたり二万円が必要となり、よし先生は館長とともに東京で建設資金の工面に走る。うまくいかず、あきらめて帰途についたある日、かつて子どもたちのために漬け物を分けてくれた中村さんに事情をこぼしたところ、「返せなければさしあげます」といって、バスケットの中に百円札で二万円いれて渡してくれた。中村さんご自身はぼろぼろの身支度で働き、学園の建設事業を可能にした。しかし、新しい学園の建設の段取りまでこぎつけたところで、前島よし先生は軽井沢をあとにする。川上村へ嫁ぐ道を選んだのだ。食べさせること、住むことのために走りまわった軽井沢での三年間。「子どもたちの心の内をいかになぐさめ、励ますか、その器であり通すことがつらく」選択した川上村への道であった。ちなみにこの軽井沢学園は、まもなく五十周年を迎える。

＊

よし先生が川上村へ来たのは、一九四七（昭和二十二）年であった。「野沢（出身地佐久市野沢）から川上へ嫁にいったなんて、悪いことでもしたですかい」といわれたほど、川上は山深い寒村だった。先生はここで四十年間、保育者としての生き方はかなえられず、牛飼い、田んぼ、老父母に仕え、子育ての日々であった。もちろん村には教会もなく、教会へいくのには泊まり掛けで行かなくてはならなかった。島崎藤村の『千曲川のスケッチ』に、「ここから更に千曲川の上流に当たって、川上の八ケ村というのがある。この辺は信州のなかでも最も不便な、白米は唯病人に頂かせるほどの、貧しい、荒れた山奥の一つであるという。」という一節がある。藤村は、海の口村（現在南牧村海の口）のあたりから川上方面を綴ったようだ。明治三十三年が執筆なので、よし先生が来るよりかなり前のことではある。

でも、厳しい気候、荒れた山奥であったことは、昭和にはいっても変化はなかったと先生はいう。

「軽井沢は青春であったけど、戦争中のことだし、本来の保育とはいえなかった。川上へきても保母になれず、何もできなかった。ただ、日々生活し、子どものこと、将来のこと、教育について考えるだけだった」という。

＊

村でよく聞く言い回しで、「まだ他人が入らんで、あんきじゃんね」というのがある。その家に嫁がまだこない時期のことをそのようにいう。

よし先生は「その家にふさわしきものになしたまえ」と祈り、飛び込んできた。しかし、日常生活での風習、家風、迷信などとの出会いに苦労を重ねていく。鉄瓶の口を北へ向けて、縁起でもないといわれ、生理日に神棚の近くへいき、けがれると叱られる。

「嫁にくるには学問もいらねえ、勝手さえきりまわせればそれでいい、先生なんぞしていたもんは誰もが嫌う」

どのくらい泣いただろうか。でも、嫁こそ可愛がってくれなくてはおかしいと姑さんにくいさがった。

「娘はおむつの世話から育て上げ、沢山着物を作って嫁にしてやったのだから、盆や暮れには、山ほど父母を喜ばす贈り物を届けたって当たり前だと思うのに、たまに手紙をよこすとばかにうれしがってさ。嫁の私のすることには何とかかんとか小言にいいたくて、ずいぶん不都合じゃないですか。私なんか私の母が育ててくれて、しかも、二十何年もの大きさでここへ来て、おじいさんとおばあさんが村一番の幸せものになってもらいたいとつとめているのに、ちっともよろこびもしないで……」

こんなことを平気でいえるようにはなったが、この姑さんがいなかったら自分の精神はもっと貧しくなっていたと考える。くやしい思いを重ねながらも同時に、姑の生活の端々にみえるひたむきな生き方に心打たれる若い母親であった。

「年寄りを抱え、幼児を抱えてのことは、裏返せば人の一生を立体的に生きることですよ。どれだけ多くの心を使い、どれだけ多くの心に支えられるかわかりません」

だいぶ後になって、よし先生からこんな書き出しの葉書をいただいた。光江の祖母をしばらくのあいだ家でみていたり、彼女が二歳の次女をおぶって祖父や祖母の入院する病院へ頻繁に通っているときであった。先生の「姑大学のおつとめ」は想像も困難だが、家族とは、保育とは何かを、たちどまって考えさせるものがある。

＊

川上の冬は厳しく、あまりの冷え込みに感覚が正常に働かないこともある。今のように暖房設備もなく、「御飯の味がわからないほど足先が冷たい」という冬であったようだ。しかし、あわただしい農繁期に比べると、静寂そのもの。先生は、雪が降りしきると英和女学校時代のクリスマスを思い出した。近所のお母さんが樅の木を切って飾ったので、クリスマスをしたらということになり、子どもたちに知らせ、三十人ほど集まり、歌やクリスマスの話し、ゲームなどをした。そうしてもどると、「他国からの流行もので、こんなことの先にたって手間つぶしはしないほうがいい」と注意される。

村立の保育所ができたが、保母として先生が入る道は開かれなかった。しかしこの願いは、長い冬のあとに湧く泉のように、先生が六十歳代の後半になって私設の農繁期季節保育所として実を結ぶことになる。

この保育を可能としたのは、よし先生宅のお嫁さん、恵津子さんの存在であった。一九七九年開設のこの農繁期季節保育所（あゆみ保育園）こそ、I章で綴ったみやま共同保育所の礎となったのである。よし先生は、村へ嫁いで三十数年を経て保育にたどり着き、「求めていた幼児との出会いに、最後の感謝をささげられるとは、感涙にあたいするものだった」と振り返る。

それから二十年にもなろうとしている。先生は私にとっていつも心の支えとなっている。ようやくかなった一九九七年みやま共同保育所の新園舎建設はご自身の〝生涯のよろこび〟とおっしゃり、指圧治療の収入を寄付された。

そして一九九九年夏、軽井沢での疎開保育で受け持った子どもの一人竹中順三氏と半世紀ぶりに再開をはたした。竹中氏の両親は、一九四五年三月の東京大空襲で亡くなった。当時竹中氏の父親から手紙を預かったままとなり「これを竹中君に渡すまでは戦争は終わらない」といっていた。川上村の先生のご自宅に六十三歳の竹中氏をお連れしたとき「順三君、大きくなったねえ」が先生の第一声であった。

保育にとって何より大切なのは平和な社会である。川上よし先生の八十三年の人生がそれを語っている。

(二) 平沢保育園――シンプルな保育、四十七年の歴史

平沢保育園は、一九五三(昭和二十八)年に農繁期のお田植え保育としてはじめられた。創設者である野坂智子氏(故人)は、熱心なクリスチャンで、開設当時の思いを次のように記している。

「標高千メートル以上の高冷地にある平沢は、昭和二十年代には小倉にある田圃とまわりの畑、山仕事、馬の飼育、冬の出稼ぎ等で生計がたてられていました。当時、子どもらは親たちのはげしい労働の中に放置されておりました。戦争の傷あとから少しずつ立ち直りかけていた日本は、ようやく働く親たちの目が子ども等に向けられはじめて、農村にもポツポツ

と保育園が生まれつつありました。平沢を通るたびに接する子どもたちの姿に、この子たちが生き生きと生活し、あそべる場がほしいという夢がいつか生まれ育っていたのでした」（『南牧村公民館報』より）

小学校の旧校舎を借りて始められた無認可の保育所であったが、村の人たちの援助で机、椅子、オルガンなどの備品や遊具（積み木、人形）も整い、当番制の薪と野菜の持ち寄りで味噌汁の給食ができた。そして、一九五五（昭和三十）年には正式に私立保育園として認可を得た。創設者の熱意と地元の人たちの願いが可能にしたわけだが、村の共同意識が想像できる。

＊

私が保育者として就職したとき（一九八四年）、園長は二人目の野坂雅子先生だった。保育園の第一印象は、質素である、子どもたちとあそぶ先生の表情の美しさ、といったことであった。園長は、個々の保育方法よりも「子どもと出会うとは」「人間とは何か」といったようなことをいつも大切にしていた。職員会議などでも、小説の主人公のこと、映画の魅力などをよく話しあった。

生まれてまだ一年もたたない、大きい子だってせいぜい五年、それに対して私たち大人はもっと長く生きている。ところが、子どもをわかることは容易なことではない。だから、もっと私たちが彼や彼女から聴かなければならない、学ばなければならない。平沢保育園の子ども、親から出発してほしい。特別なことはしなくていいの。自然で、シンプルで、ただ、保育園が楽しい、明日もこようと子どもたちが思えるようであってほしい。野坂園長の厳しさは、そんなメッセージだと思った。子どもの願いを聴くということの意味を考える日々であった。何歳の子どもの発達的特徴は何か、必要な保育内容は何か、ということも大事なことではあるが、自分のなかにあるそうした知識をいったん捨てることが求められていたのかもしれない。

半世紀近い保育園の歩みは『南牧村誌』に一部綴られているが、別の機会に研究したい。人間への信頼を土台とした質素な保育の積み重ねである。地域や多くの先輩たちが築いた歴史に学ぶことも二十一世紀への課題となっている。

文化へのこだわりと保育——本書に寄せて——

汐見　稔幸

近藤さんが現在園長をしている平沢保育園は、標高一三〇〇メーターから一四〇〇メーターという高所にある。妻の光江さんが園長をしているみやま共同保育所もほとんど同じ高さだ。おそらく、これ以上高いところには、きっと人は住めないだろうなと思われるぎりぎりの土地に、人々がいくつかの部落に分かれて、しっとり支え合うように住み、生きている、そういう地域だ。山間の地というのではない。平沢保育園は八ヶ岳の麓のなだらかな高地の一角に位置し、付近に観光地やペンションなども多い。自然豊かな部落の中にある。みやま共同保育所は、そこから千曲川に沿ってかなりさかのぼっていった川沿いの平地にあり、これ以上行くと山に入るという入り口に近いところに存在している。東京生まれの近藤さんが第二の人生を生きているのは、こういう土地柄だ。

僕がはじめて近藤さんの川上村の家におじゃましたのは、十年以上前、みやま共同保育所を開いて間もないときだった。本書にもでていたが、近藤さんは、古い、一部の障子が勝手に閉まってしまう程の傾きのある家に住んで、夫婦で小さな子どもたちの面倒を見ていた。山羊と一緒の生活になったのはその少し後だったと思う。川上に引っ越してきたあと、何とか生活を成り立たせようと、懸命に村での可能性を模索していた頃だ。家の前の大きな橡の木がやけに印象に残っている。

近藤さんの人柄については、本書をお読みになった方は、みなすぐ感じとると思う。地味だが、何ともいえないほの暖かい人柄が、行間からじわじわと伝わってくる。彼の文章を読むのはこれがはじめてではないが、これまでこの本ほど長くまとまった文を読んだことはなかった。あらためて、彼の人柄を感じとった次第だ。

本の中には、読みながらも、早く読み終わらないかなと感じさせられるものと、まだ終わらないでほしい、もっと続いてほしい、と感じさせてくれるものがある。本書は、僕にとって、まさしく後者だった。読み終わったとき、もう終わりなのかと正直思った。もうちょっとききたい、そういう思いが残る、その意味でさわやかで、第二部がほしくなる本だ。

さて、僕は今、二十一世紀の日本や世界のあり方を考えなければならない地点で、文明と文化の差ということにこだわってみようと思っている。

今の日本が、世界に胸を張れるような状況でないことぐらい、子どもたちだって分かって

いる。知人がイタリアから帰ってきたときに、日本に帰ってきて本当にがっかりしたといっていたのが示唆的だ。ヨーロッパは、共同体をつくるために、今あれこれ施策を根本的につくりかえようとしている。イタリアは、どちらかというと、保育や教育に政治的な力を注ぐというようなことをしてこなかったのに、二十世紀も最後に来てこのままでは学校教育はだめになるということで、なんと二十人学級制度にかえる法律を作ろうとしている。しかも二クラスに担任が三人という制度だという。単純に考えても日本の二倍ぐらい教員が必要になる。それだけの予算も要る。できるのだろうかと思うが、やるというのだ。EU全体でも、二〇〇一年までに、傘下の国の保育所、幼稚園の保育士、教諭の二〇%を男性にするということをすでに決めている。そうしないと、不自然な育児になるというのだ。スウェーデンは、原発をやめて別のエネルギー体系にきりかえるということをいよいよ始めて、一部の原発を廃止した。それほどまでに環境問題を考えている国もある。

いずれの国も、二十一世紀に向けて、二十世紀とは異なる哲学で、人々がもっと安心して共生していける社会をどうつくるのか、模索している。にもかかわらず、日本に帰ると、変な宗教団体がどうしたとか、バブルの後遺症の尻拭いをどうするとかの話ばかりで、豊かな文化をはぐくむ国をどうつくっていくかというような議論が一体どこでおこなわれているのか、まったく見えてこない。まったく情ないし、恥ずかしい思いだ。知人はこう憤っていう。

確かにそうだ。日本の中にいてもそう思う。なぜ、日本はそうなってしまったのか。大急ぎで解明しなければならないのだが、僕は、その理由の一つに、僕らがみな、文明なるものを発展させれば人間はしあわせになるはず、という信仰に無批判にすがりすぎていた、ということがあるのではないかと思っている。〈文明〉とは、ここでは、人間の欲求をできるだけ早く簡便に実現して、より快適な生活を送るようにするための、大規模な仕組みのことをいっている。自動車、冷蔵庫、テレビ、電話等々、すべて文明の構成物で、これなしには僕らの今の生活は成り立たない。それほどに文明は僕らの生活に入り込んでいる。

でも、文明だけに依拠していると、究極的には人間は動かなくても欲求が実現できる社会になってしまい、生きているという手応えをどんどん失っていく可能性がある。それに、文明的な生活を維持するためには、膨大な資源が使われる。地球人がすべて今の僕らのような生活をしたら、地球はすぐ滅びるだろう。そこで、文明に対抗する、もう一つの生活原理が必要になる。それを僕は〈文化〉といいたい。

文化というのは、ｃｕｌｔｕｒｅの翻訳語だがｃｕｌｔｕｒｅはｃｕｌｔｉｖａｔｅという単語の名詞形だ。ｃｕｌｔｉｖａｔｅというのは土を耕す、耕して丹念に育てる、という意味の語。だからｃｕｌｔｕｒｅという言葉は、自然をもとに、手作りで、時に人と協力しながら、苦労して、価値あるものをつくり出す、そしてそこに精神の耕しが伴う、という意味が込められていると僕は考えている。文明というのは、文化を大規模に制度化し、商品化してつくったものだ。

文化には、だから、苦労して手作りでつくるが故に、できたときの喜びが大きいという副産物がついてまわる。生きている手応えが得られるということも。あるいは人と深く交わる、協力するということが喜びだという実感も。

近藤さんのこの本を読んでいて、僕が絶えず感じていたのは、さくらんぼにも、平沢にも、みやまにも、文明はたいしてないかもしれないが、文化が、あるいは文化の芽が、実に豊かにある、ということだった。もう少し正確にいうと、文明と区別される文化を、子どもと一緒になって、近藤さんは保育という世界でつくろうとしてきたのだということだった。

文化は手作りだ。保育も育児も手作りでないとできない営みだ。子どもと一緒になって手でつくっていく、そういう営みとしての保育の中から、本物がいっぱい育っていく。それを近藤さんは、あちこちで学び、実践している。甲府時代の思い出の中に、孟宗竹の筏がキャンプのあと弓矢、ぽっくり、竹馬、凧と姿を変えていったと書いたあと、「私のクラスはいつも汚れていたが、子どもと一緒になってあそびにひたりきった日々であった」とある（七三ページ）。さりげない表現だが、これこそが文化の実践で、この短い文の中に保育の本質が規定されているように僕は思った。保育というのは子どもと一緒になって、そして親とも一緒になって〈文化〉を創造する営みなのだ。

文化は、町にあるのではなく、店にあるのでもない。本の中にあるのでもない。それは、人々が苦労を背負いながら、懸命に生きている、懸命だからこそ、人の心のつらさや喜びがよく分かる、そうした地域社会での、人々の生活の中にある。このことを近藤さんは、みやまや平沢の実践の中でつかみ取ったということを伝えたかったのではなかろうか。

「保育者や父母が、一人ひとりの子どもたちと人間らしい関係を築いていくこと、そこに乳幼児保育の原点がある。お互いの心を通い合わせること、人間対人間の豊かな感情の交流をすすめることが保育の営みであり、そこに保育者としての生きがいをみいだすことができる」（九四ページ）

「保育とは、子どもの中に、暮らし、地域をみつめること。村の子たち、大人たちとのかかわりで、学んだことである」（一一六ページ）

「子どもたちを通して、親の仕事、地域の暮らしに想いを寄せること、これが保育の基本だと考えている」（一三五ページ）

「新しい人との出会いの場所、それが保育園だと思っている」（一三七ページ）

僕にはこうした保育の本質規定のそれぞれで使われている「保育」という言葉はすべて「文化」と言いかえてもよいように思える。文化は人々の生活をベースとした出会いだ。新しい人と出会えること、それ自体を喜びと感じるのが文化だ。人間と人間が、打算の世界ではなく豊かな感情の世界で出会えること、それを支えるのが文化だ。子どもの生活の中に、親の、大人の想い、愛情を感じ取れること、子どもの後ろに深い生活世界を感じ取ること、これが文化だ。

近藤さんは、保育を通じて、自分が生きる喜びとしているものは、こうした意味での文化をつくろうとしているとき、あるいは感じ取ろうとしているとき、ということに気づいてきたのだと思う。そして、その文化を生み出すのが他ならない「地域」という場だということも。だからこの仕事はやめられない、と考え、また地域に根ざそうという姿勢をだんだん強めてきたのだろうと思う。

近藤さんは現在、地域の人々と共に、この地域をもっともっと文化の誉れ高いものに育てていこうと、こだわっている。それを子どもという宝ものを育てるという営みを通じて追求したい、と考えている。僕としては、この本を読んで共感された方の中から、川上や平沢に移り住んで、文化を追い求めながら、この地の保育園を絶やさないことに協力してくれる人が出てくれればと密かに願っている。

（しおみとしゆき／東京大学）

あとがきにかえて――娘の不登校で考えること

現在、十八歳の長女、十五歳の次女、十歳の長男がいる。長女は東京在住、次女、長男、光江と四人の生活である。

一九八一年長女は山梨県で生まれた。光江の故里である長野県の佐久(さく)を名前にしたいということで、佐久子とした。私は保育園に、彼女は医療機関の組合書記や、パート保母、家政婦などをした。親戚もない地域で、長女を保育してくれる人を探すのがたいへんであった。ようやく近所のおばあさんを頼むことができた。おむつや着替え、ミルクをもち、団地を飛び出す。毎日どちらかが長女を預けに行き、職場へ車を飛ばすというせわしい日々の連続であった。半年ほどして保育園に入れるようになってから、突発性発疹、中耳炎と病気をするたびにどちらが休むかで言い合いになる。八割方彼女が休んでいた。保育を仕事とする私は、長女を育てる姿勢において、いつも確信を求めて育児書、参考文献に向かっていた。

小さい頃に長女がどんな生活をしていたか、詳細な記録がある。すでに川上村へ移ってきてからのことだが、小さいころのことばや親子のやりとりを記録していた。二歳九カ月「かあさん、はっぱのなか、さむい……」林のなかの涼しい気持ちを感じとれるようになって、母親がじーんときたという。同じころ、「とうさん、ほら、やっとあめふった、はくさいがおいしいって」純粋な感情の持ち主であることを、いつもたしかめていた。このころ、母親は野菜づくりにせわしく、長女は川上よし先生の季節保育所（あゆみ保育園）でみていただいていた。農繁期の山や畑を友とする保育のなかで経験を広げてもらっていた。のんびりとした性格というか、大人の手もあるからか、また、言葉がけの多い育て方のせいか、身のまわりのことをこなすのはまことにゆっくりで、「パンツやズボンをなかなかはかない」などのおたよりがくりかえし記録されている。

母親は、実家の農業と祖父母の世話、家事とで、忙しい毎日。生まれてまもない次女をおんぶして祖父の入院する病院へ通ったり、何ごとものんびりやの長女をせかして、よし先生の保育所に預ける。連絡帳で「レタスの苗つくりのところへきて、種にいたずらするので、夕方の忙しいときでもあるので、こっぴどく叱りつけました。佐久子が悲しい顔で大泣きするのをみて、心が痛みました」と伝えると、よし先生は、「それらを経て強くなりますよ、親はみんな同じ、一生懸命我慢して見守ることがたくさんありますよ、でも、そんな場面もあっていいでしょうね。世の中って甘くないから、たくさん経験して強くならなくてはね」との返事が返ってきた。せわしさに叱りつけてしまった母親に、「そんなことがあってもいいですよ」と、先生がわかってくれたことが光江はとてもうれしかったという。

長女が乳幼児期から学童の頃、私はいつも子育てはこうあるべきといった姿を求めて育てていたのかもしれない。保育園に出す書類で、親の育児方針の記入欄は、いつもびっしりとうまっていた。毎日毎晩、絵本を読む。これがきわめて大切であり、テレビなどは選んでみせるというのが私の強い主張であった。私が何日か出かけたりすると、テレビにうるさい父親がいないからと、母と子たちで好きなだけ楽しんだりしていた。友達とのかかわりでいろいろとほしいものがあっても、うちはうちだからと認めないこともあった。こうしたことは、特別な親の対応だったとも思えない。ただ、振り返ってみると、そのころの自分は生活や仕事が変化したことでの不安定な気持ちや緊張もあった。山梨から川上村へ転居したこと、保育を離れ農業の手伝い、事務職などへの転職、私のさまざまな感情から、こうあらねばならないという期待や、厳しい要求として投げかけられた面もあったと思う。はじめての子である長女に対する思い入れもあった。長く保育の仕事についているという立場が、強く働いたこともたしかなことである。

今、この時期の対応がどうであったかを、これ以上考えてみてもしかたのないことだ。普通の親として接してきたつもりであっても、子どもは反発もし、揺れながら成長していくものであり、仕事で多くの子どもたちとつきあうなかでみえてくることも、我が子のことになると、かくもよくわからないという事実をつきつけられる。たまたま保育という仕事をしてきてはいるが、煩悩とはよくいったもので、親子とはまことに不思議な関係であり、しんどいことで、かつ奥の深い営みである。長女が中学へいってからの不登校は、さらに多くのことを考えさせられた。

川上村へ来ての十六年、貧しき多角経営、園長職の日々、園舎建設の取り組み、その中にあって、わが子育てのことで頭を悩ませない日はなかったといえる。今でこそ少し落ち着いて振り返られるようになったが、仕事に手がつけられないという日々が続いた。ようやく今にして、親であるという事実があるかぎり、つき合っていかねばならないことだと覚悟しつつある。

●娘の不登校で考えたこと

長女は中学一年のとき学校へ行かなくなった。「近藤先生、教育者の子が学校へ行かなくなってどんな心境ですかあ?」ずばずばという村のかあちゃんがいた。もちろん私は何も答えられなかった。

彼女が中学一年のとき、私の対応は本人の気持ちを聞くことには不熱心であった。「いやなことがあるとしても、現実から避けては何もならない」と無理に行かせていた。自動車に乗せて学校の玄関に入る頼りない後ろ姿を見送り、職場へ向かう日が続いた。たまに私が早く帰宅しているとき、彼女はすっかり力を落として戻ってくるのであった。これは休ませなくてはならないと感じ、何日か欠席した。しかし私からの問いかけは、「いつから行くのか？」「来週から行けるかなあ？」「二学期からはどうだあ？」であった。「待つ」ということの大切さが保育においては大事だといいながら、わが子には期限をつけてしか待てない自分であった。

先にも述べたが私は、彼女を乳幼児期、小学校とかなり力を入れて育ててきた。保育を仕事とするものとしての気負いもあっただろう。妻はそういうものかと、緊張しながらついてきたという。そしてたまらなく不安であったという。私たち両親こそ相談を受ける立場であったと思う。

自分たちの育て方のどこがまちがいであったのか、長女が学校へ行かなくなってから言い合いの連続となった。中学一年の後半、ある親戚から「学校へ行かないのなら、畑にくるか」ということになり、本人は野菜出荷の仕事に行った。夕方、帰宅したときの表情はそれまでと違っていた。

そんなことがきっかけとなり、冬になる頃学校へ行きはじめた。これで乗り越えたと私は思った。しかし、二年生になって一学期も終わる頃、「疲れた」といって休みはじめた。夏休みはまた畑にでた。もちろん、今度こそと期待した。しかし、二学期も行かなかった。通勤途中に制服を着た中学生をみると、なぜ娘はこの中にいないのかと辛い気持ちになった。

母親はこの年中学のＰＴＡ副会長であった。わが子がいない学校行事へ行き、役目を果たさなければならなかった。口にはださなかったが平穏な心境ではなかっただろう。

娘が学校へ行けなくなる前のことになるが、勉強を教えている子のお母さんからいろいろと相談を受けることがあった。「私ではちょっと……」という問題では、決まって児童相談所の児玉さんを紹介した。信頼している先輩であった。ところが今度は自分の娘の問題なのだ。考えた末、思い切って電話したり会って打ち明けた。そのとき児玉先生がいうのは「疲れているから休ませるように」ということであった。しかし私は、先生があけすけにあれこれとりざたされてしまうような村の実情を知らないからそういえるんだと考え、謙虚に受けとめられなかった。今振り返ると、そのときの休むようにという先生のアドバイスこそ大事だったといえる。親として悶々と考えるうちに、すでに中学三年になろうとしていた。長女のことになると親は言い合いとなり、家中が暗い雰囲気となってしまう。

以前、「自分の子がそうなった経験がないと、つらさはわからないよ」という気持ちを不登校の子を持つお母さんから聞いたことがあった。そのとき私は、一人よがりではないかと感じていた。でも今ではそのとおりではないかと感じる。学校へ行けなくなっている子ども自身はもちろんだが、親が何よりもつらい。それだけに、そっとしておいてほしいことなのだ。

これまでになく長い冬だと感じた。ぐちを聞いてもらいに、よし先生を訪ねる。

「いいじゃあないですかあ、休んでいたって、そのうち何か見つけて働きますよ。勉強だって本人が見つけていけば、いつからだってできるんだからあ、確実に大人になるんですよ」また、ご自身が一日も中学へ行かないことがあったというおばさんにも出会った。

春、「もう、学校へ行かなくていいよ」と本心から私がいえるようになった。中学三年になっていた。その頃、娘にとってはある先輩との出会いがあった。「教育者の子が学校に行かなくなってどんな心境ですか?」といってきたお母さんの娘さんであった。その子も長く休んで、自分で勉強して高校へ進学したばかりであった。長女は急に勉強しはじめた。そして、「高校へ行く。だから学校へ行く。でも今の学校はいやだから転校する」と。

そして、他地域の児童福祉施設へいき、そこの地元中学へ通学することになったのだ。両親とも、本人に引っ張られるように手続きをした。

十四歳という年齢で親から離すということは心配であった。児童福祉施設から中学校へ通う。この中で味わったつらさは本人しかわからないだろう。施設と中学の卒業式を終えて、県立高校へ進学した。もう大丈夫だろうという期待と安心感があった。しかし、高校二年生になるころから学校を長期に休みはじめた。下宿先に帰らなくなり、車を飛ばしてかけつけたことも何度もあった。たびたび電話して所在を確認しないと、安心して仕事に向かえないことがくりかえされた。髪を染めて、顔をあわすたびに言い合いとなった。その過程で、親としては高校を卒業することが、まず必要であるという考えをたびたび伝えた。しかし親の期待と願いは本人の気持ちとは違っていた。ここで親はまた揺れた。意見も対立した。でも、あきらめるというと表現が乱暴だが、親としてこれ以上具体的な期待のもち方（高校は卒業するべきだ等）をしないことにした。ゆっくりと自分で考え、自分で進んでみればよいということで、本人の意志を尊重することになった。本人は自分で選んだ。学校を離れて自分を模索するという道を。

今思い返してみると、中学にほとんど行かなくて、高校生活も楽しめていない中で、「高校はちゃんと卒業するべき」という親の願いが彼女にとっては重荷であり、もっと自分で納得する道を選んでいく時間が必要だったのかもしれない。なぜ学校へ行かなくなったのか、それは、今もってよくわからない。でも、本人が選んだ道であることは、はっきりしている。尊重し、精いっぱい応援していきたいと考えている。

今年は十九歳になろうとしている。今は、上京し、アルバイトをしながら生活している。家賃など基本的な援助はしているが、毎日の生活において、それなりに考え悩みながら暮らしている。アルバイトの内容を聞いた。毎日、道路工事の棒振りで、終わると明日の現場を指示されて、翌日決められた時間までにでかけていく。また、引っ越しの運送の仕事もわりと多い。行った先の家で、たくさんの靴があり、それを行き先別に梱包することになっていたときなど、「この人って別居かもねと考えたりして、けっこう、いろいろおもしろい」などと説明した。今はバイトをしてとりあえずパソコンを買ったり、インドなど外国へ行きたいという。厳しい雇用情勢のなかで、いわゆるフリーターとしての日々も思いどおりにはならないだろう。

本人なりに悩みはあるのだろうが、はたから見るとけっこう生活力のある生き方をしている。自分の人生を自分で考えて過ごしている。私もようやく少し距離をおいてみれるようになったのかもしれない。十九歳になる娘を前にして、もう子育てということではないのだろう。独立した人間としてどのように生きていくのか、楽しみになってきた。

自分たちの乳幼児期からの育て方が間違いであったとは思わないが、子どもとともに日々の生活を楽しむという余裕がなかったことはたしかである。

光江は、子どもたちが成長していくなかでは、どこかで誰かに迷惑をかけていく。だから、そのお返しとして、よその子の世話をしていくんだと、保育園にかかわる心境をこぼしたことがあった。私は、小さいときの育ち方がやはり思春期にあらわれるということについて考える。これは、親としての自分を離れて、やや立ち入って研究したい問題である。

子どもたちの不登校について、親として、保育にかかわる一人として、どう考えあったらよいのか、誰にでも通じる手法などはないだろう。まずは、つらい思いでいる本人や家族を見守ることではないだろうか。今を生きている子どもたち、親たちもつまずいて、悩む。そのとき、肯定してくれる、認めてくれる存在、一緒に考えて、支えてくれる輪が必要である。

この輪のなかで、心が少しずつ休まるのかもしれない。

きびしい時代を生きている子どもたち、親は援助することはできても、その子の人生を変わって生きることはできない。信頼して見守るということしかないのかもしれない。できたら子どもとともに、もっと楽しみたい。地域や父母の暮らしを見つめる保育は、村の共同をとりもどす営みだと思う。地域社会の安心した人間関係のなかで、子どもも大人も共に育ちあえたらうれしい。私にとって〝ゆたかな保育園〟像はまだみえない。これからつくっていくことだと思っている。

人との出会いという考え方は、保育園の仕事のなかだけではなく、何よりも、わが子の人生の迷い、親としての揺れに悩みながら、問われている課題である。


出版にあたり、ひとなる書房社長名古屋研一氏には、懇切丁寧な助言をいただいた。写真撮影に遠方より何度も通われた川内松男氏、近藤幸男氏、イラストマップを描いた大笘理良さんに感謝したい。東京大学助教授汐見稔幸先生は、平沢保育園が主催する子育てのつどいや地域の保育研修会にも度々ご協力いただいている。また、「全国子どもとことば研究会」での先生の問題提起にいつも励まされている。私の拙い原稿に文を寄せていただき、たいへんうれしく、心より感謝したい。

子どもたちはもちろん、職員、父母をはじめ、暮らしの中で出会った人たちに心から御礼を申しあげ、ペンをおく。

二〇〇〇年一月

近藤幹生

（初出一覧）
＊Ⅳ章2、3、4……『現代と保育』四十六号（一九九八年、ひとなる書房）掲載の内容を加筆。
＊Ⅴ章5……『保育通信』（全国私立保育園連盟）一九九八年十月号掲載の内容を加筆。

近藤　幹生（こんどう　みきお）
１９５３年　東京都青梅市に生まれる
１９７７年　信州大学教育学部地学科卒業
１９９７年　玉川大学文学部修了（通信教育部　博物館学芸員資格）
１９９９年～聖徳大学大学院児童学修士課程在籍中（通信教育部）
１９７８～１９８４年　社会福祉法人さくらんぼ保育園保育士
１９８４～１９８８年　社会福祉法人平沢保育園保育士
１９８８～１９９３年　みやま共同保育所園長
１９９４年～　みやま共同保育所理事長
社会福祉法人平沢保育園園長　現在に至る
日本保育学会会員

＜連絡先＞
〒384-1403長野県南佐久郡川上村秋山９３９
ＴＥＬ／ＦＡＸ　０２６７－９９－２１７６　<m-kondo@avis.ne.jp>

写真／**川内　松男**（かわうち　まつお）　日本写真家協会会員

人がすき　村がすき　保育がすき

2000年２月１日　初版発行

著　者　近藤幹生
写　真　川内松男
発行者　名古屋研一

発行所　㈱ひとなる書房
東京都文京区本郷２－17－13
電　話03(3811)1372
ＦＡＸ03(3811)1383
hitonaru@alles.or.jp

印刷／シナノ印刷株式会社